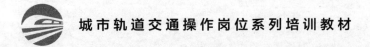

城市轨道交通操作岗位系列培训教材

URBAN
RAIL TRANSIT

 Building Structure Repairman

城市轨道交通建筑结构检修工

主　编　王晓睿
副主编　程　明　石志勇
主　审　朱　妍

人民交通出版社股份有限公司
China Communications Press Co.,Ltd.

内 容 提 要

本书为城市轨道交通操作岗位培训教材。全书分两篇,共六章,内容概述了城市轨道交通建筑结构,详细介绍了城市轨道交通建筑结构系统、城市轨道交通建筑结构维修、城市轨道交通建筑结构设施常见故障分析及处理方法、城市轨道交通建筑结构典型故障以及城市轨道交通建筑结构变形监测。

本书内容通俗易懂,以图文并茂的形式展现,注重动手操作能力的培养。

本书针对城市轨道交通行业中建筑结构维修工操作技能培训进行编写,可作为轨道交通运营一线员工的培训教材,也可作为轨道交通类职业院校相关专业教学参考用书,也适合具备一定专业基础知识的人员自学使用。

图书在版编目(CIP)数据

城市轨道交通建筑结构检修工/王晓睿主编. -- 北京:人民交通出版社股份有限公司,2017.4
ISBN 978-7-114-12365-8

Ⅰ.①城… Ⅱ.①王… Ⅲ.①城市铁路—轨道交通—建筑结构—检修 Ⅳ.①U239.5

中国版本图书馆 CIP 数据核字(2017)第 035337 号

城市轨道交通操作岗位系列培训教材

书　　名:	城市轨道交通建筑结构检修工
著 作 者:	王晓睿
责任编辑:	吴燕伶　王景景
出版发行:	人民交通出版社股份有限公司
地　　址:	(100011)北京市朝阳区安定门外外馆斜街 3 号
网　　址:	http://www.ccpress.com.cn
销售电话:	(010) 59757973
总 经 销:	人民交通出版社股份有限公司发行部
经　　销:	各地新华书店
印　　刷:	北京市密东印刷有限公司
开　　本:	787×1092　1/16
印　　张:	10.75
插　　页:	13
字　　数:	226 千
版　　次:	2017 年 4 月　第 1 版
印　　次:	2017 年 4 月　第 1 次印刷
书　　号:	ISBN 978-7-114-12365-8
定　　价:	36.00 元

(有印刷、装订质量问题的图书由本公司负责调换)

PREFACE 序

著述成书有三境：一曰立言传世，使命使然；二曰命运多舛，才情使然；三曰追名逐利，私欲使然。予携众编写此系列丛书，一不求"立言"传不朽，二不恣意弄才情，三不沽名钓私誉。唯一所求，以利工作。

郑州发展轨道交通八年有余，开通运营两条线46.6公里，各系统、设施设备运行均优于国家标准，服务优质，社会口碑良好。有此成效，技术、设备等外部客观条件固然重要，但是最核心、最关键的仍是人这一生产要素。然而，从全国轨道交通发展形势来看，未来五年人才"瓶颈"日益凸显。目前，全国已有44个城市轨道交通建设规划获得批复，规划总里程7000多公里，这比先前50年的发展总和还多。"十三五"期间，城市轨道交通发展将处于飞跃发展时期，相关专业技术人才将面临"断崖"处境。社会人才储备、专业院校输出将无法满足几何级增长的轨道交通行业发展需求。

至2020年末，郑州市轨道交通要运营10条以上线路，总里程突破300公里，人才需求规模达16000人之多。环视国内其他城市同期建设力度，不出此左右。振奋之余更是紧迫，紧迫之中夹杂些许担心。思忖良久，唯立足自身，"引智"和"造才"双管齐下，方可破解人才困局，得轨道交通发展始终，以出行之便、生活之利飨商都社会各界，助力国家中心城市和国际商都建设。

郑州市轨道交通通过校园招聘和订单班组建，自我培养各类专业技术人员逾3000人。订单班组建五年来，以高职高专院校的理论教学为辅，以参与轨道交通设计、建设和各专业各系统设备生产供应单位的专家实践教学为主，通过不断创新、总结、归纳，逐渐形成了成熟的培养体系和教学内容，所培养学生大都已成为郑州市轨道交通运营一线骨干力量。公司以生产实践经验为依托，充分发挥有关合作院校的师资力量，同时在设备制造商、安装商和设施设备维修维保商的技术支持下，编写了本套城市轨道交通操作岗位系列培训教材，希望以此建立起一套符合郑州市轨道交通运营实际且符合轨道交通行业发展水平的教材体系，为河南乃至全国轨道交通人才培养略尽绵薄之力。

教材编写过程中,得到了西南交通大学、大连交通大学、石家庄铁道大学、上海地铁维护保障有限公司、郑州铁路职业技术学院以及人民交通出版社股份有限公司的大力支持,在此一并表示感谢。

以羽扣钟,既有总结之意,也有求证之心,还请业内人士不吝赐教。

是为序。

张 洲

2016 年 10 月 21 日

PREFACE 前言

随着社会的发展，城市化建设进程越来越快，现代城市交通问题成为各大城市重大难题，在寻求解决这一难题办法的过程中，人们的目光逐渐聚焦在城市轨道交通上。城市轨道交通的优势不言而喻，可改善交通困局、节省土地、优化城市区域布局、促进国民经济和改善居民生活质量等。近年来，城市轨道交通建设在我国发展异常迅猛，各大城市都在如火如荼地建设城市轨道交通。实践证明，发展城市轨道交通是解决大城市交通问题的必选之路。

建筑结构专业始终贯穿于城市轨道交通的建设和运营，建筑结构系统的状态直接影响城市轨道交通的运营状况。城市轨道交通系统一旦建成通车，就必须夜以继日地保证系统的安全和高效率运营。除了应具有优质的工程与设备条件外，还需要建立一整套完善的技术保障体系，培训和提高运营管理人员的技术水平和理论知识，建成一支基础理论扎实、技术过硬的管理与维修技术队伍，以确保建成的轨道交通系统达到高效运转、优质服务和安全运营的目标。为满足我国各大城市轨道交通蓬勃发展造成的对建筑结构系统建设与维护人才的需求，同时也让在校学生更全面系统地掌握城市轨道交通建筑结构系统的理论和实践知识，特组织编写本书。

本书是按照由理论到实践的思路编写的，强调教材的全面性、系统性，突出各章节的独立性。其内容既前后呼应、相互联系，又自成体系、相对独立；既可供读者全面、系统地学习，又便于读者有针对性地查阅与选学。

本书由王晓睿担任主编，程明、石志勇担任副主编，朱妍担任主审。其中，第一章由张金光编写，第二章由李利庆、朱兴华编写，第三章由朱兴华编写，第四章和第五章由赵阳和郭旭东编写，第六章由闫文政编写。朱妍来自上海地铁维护保障有限公司，其他人员来自郑州市轨道交通有限公司。

由于编写人员水平有限，本书难免存在不妥或疏漏之处，欢迎各位同行、读者批评指正，提出宝贵意见。

本书在编写过程中，得到西南交通大学、大连交通大学、石家庄铁道大学、上海地铁维护保障有限公司、郑州铁路职业技术学院以及人民交通出版社股份有限公司的大力支持，在此表示诚挚的感谢！

编 者

2016 年 10 月

PREFACE 学习指导

一 岗位职责

建筑结构专业操作岗位是从事城市轨道交通车站、车辆段（场）、区间隧道及桥梁等建筑结构设施巡视、保养、维护、故障处理、技术改造等项目的工作人员。其岗位职责包括安全职责和工作职责。

（一）安全职责

（1）对相应的生产工作负直接责任，做好生产第一现场的安全把控工作。
（2）保证安全生产的各项规章制度贯彻执行。
（3）学习并落实公司的各项安全管理规定和安全操作规程。
（4）负责所辖范围内设施的安全管理工作，确保特种作业、特种设备操作人员持证上岗。
（5）参加公司组织的各项培训工作，努力提高业务技能水平，增强安全意识。
（6）定期开展自查工作，落实隐患整改，保证生产设备、安全装备、消防设施、救援器材和急救用具等处于完好状态，并能够正确使用。
（7）及时反映生产过程中存在的各类问题，及时找到解决途径确保生产安全，保障人身、设施安全。
（8）负责建筑结构系统设施的巡视、维修维护以及应急抢险工作。

（二）工作职责

（1）积极主动地完成工班长安排的各项任务。
（2）严格遵守公司的各项安全生产制度，不违章作业。
（3）按照上级制定的生产组织程序及技术标准，保质保量地完成对所负责设备的巡视、检查、养护、维修等工作，并按要求如实填写相关记录，做好现场资料的收集。
（4）在现场生产过程中，发现问题、隐患及时上报。

（5）协助工班长对故障进行分析、确认。
（6）积极参与设施的技改、工程整改、QC工作开展实施。
（7）参与新线的设备定测、安装、调试、验收等工作。
（8）不断学习新技术和新业务知识，提升自身综合能力。
（9）积极参与党、工、团开展的员工活动，针对工班建设或现场作业情况提出合理化建议。
（10）保持工班标准化建设工作。
（11）及时有效地完成上级交办的其他事项。

二、课程学习方法及重难点

在完成土木工程建筑结构基础理论知识学习的前提条件下，首先，要熟悉城市轨道交通建筑结构系统的组成、特点、分类、功能及技术标准；其次，需要掌握城市轨道交通建筑结构维修管理、常用材料的种类及特性、常用工机具的操作方法和保养方法；最后，能掌握建筑结构系统故障的发生原因及处理方法。

本书基础知识篇的学习难点是城市轨道交通建筑结构系统庞大、复杂、技术标准多，实务篇的难点是常见的故障处理和分析。这些内容要通过反复理论学习，并结合日常的工作实践，才能做到全面掌握。

三、岗位晋升路径

根据人员情况，定期对满足职级要求（工作年限、职称、学历、绩效考评）的人员，按照一定比例进行晋级。员工晋升通道划分如下：

（一）操作类序列

由低到高依次为：初级工、中级工、高级工一、高级工二、技师一、技师二、高级技师。

（二）技术类职级序列

由低到高依次为：技术员、助理、工程师一、工程师二、工程师三、主管。

CONTENTS 目录

第一篇 基础知识篇

第一章　城市轨道交通建筑结构概述……………………………………2
　第一节　城市轨道交通车站的特点…………………………………2
　第二节　城市轨道交通车站建筑技术标准…………………………3
　第三节　车辆段、停车场的建筑组成及特点………………………10
　第四节　城市轨道交通土建结构形式与技术标准…………………14

第二章　城市轨道交通建筑结构系统……………………………………18
　第一节　基础分部工程………………………………………………18
　第二节　主体分部工程………………………………………………20
　第三节　地下防水工程………………………………………………25
　第四节　楼地面工程…………………………………………………27
　第五节　抹灰工程……………………………………………………33
　第六节　饰面板（砖）工程…………………………………………35
　第七节　涂料工程……………………………………………………38
　第八节　门窗工程……………………………………………………38
　第九节　屋面工程……………………………………………………40

第二篇 实务篇

第三章　城市轨道交通建筑结构维修……………………………………46
　第一节　建筑结构维修的特点………………………………………46
　第二节　建筑结构维修的分类………………………………………46
　第三节　建筑结构维修常用工机具…………………………………47

第四节　建筑结构维修常用材料……58

第四章　城市轨道交通建筑结构设施常见故障分析及处理方法……71

第一节　结构类故障分析及处理方法……71
第二节　渗漏水故障分析及处理方法……87
第三节　饰面板(砖)类故障分析及处理方法……101
第四节　地面类故障分析及处理方法……112
第五节　天花常见故障分析及处理方法……117
第六节　门窗类故障分析及处理方法……120
第七节　车站附属类故障分析及处理方法……126

第五章　城市轨道交通建筑结构典型故障……133

第一节　设备区通道门变形故障……133
第二节　隧道渗漏水故障……134
第三节　库顶采光板脱落故障……136

第六章　城市轨道交通建筑结构变形监测……139

第一节　变形监测概述……139
第二节　变形监测的分类及特点……141
第三节　变形监测设备与方法……146
第四节　变形监测实例……153

附录　考核大纲……160

参考文献……161

第一篇 基础知识篇

第一章　城市轨道交通建筑结构概述

> **岗位应知应会**
>
> 1. 熟悉城市轨道交通的建筑形式、结构形式及技术标准。
> 2. 掌握城市轨道交通车站、车辆段(场)的整体布局及装饰细部构造要求。
> 3. 掌握城市轨道交通车站、正线区间及车辆段(场)的结构形式。
>
> **重难点**
> 重点：城市轨道交通建筑结构的技术要求。
> 难点：正线区间隧道、桥梁结构形式。

　　城市轨道交通❶建筑主要指房屋、车站等其他建筑物的总体布局、外部造型、内部布置、细部构造、装饰装修的具体要求；城市轨道交通结构主要指房屋、车站、区间（隧道、桥梁等）的结构平面布置、构建的形状、构造形式及材料要求等。两者息息相关，密不可分。

第一节　城市轨道交通车站的特点

　　城市轨道交通车站即建在城市地下、地上或高架的车站。因此，车站建筑的结构与功能比较复杂，它要解决客流的集散、换乘，同时也要解决整条线路行驶中的技术设备、信息控制、运行管理，以保障交通的通畅、便捷、准时、安全。
　　为了便于结构施工及节约投资，城市轨道交通车站的形式应简单、完整，其特点包含以下几个方面：
　　（1）地下车站没有自然光线，全部人工采光（部分车站站厅设置采光天井）。
　　（2）设有庞大的环控设施，以保证地下空间的舒适环境。
　　（3）有众多鲜明的指示标牌的消防设施，以保证客流安全、顺畅、快捷地进出。
　　（4）有一定长度的地下通道与地面出入口连接，地面有较大体量的风亭建筑。
　　（5）车站沿着轨道，按车辆编组长度做线形的布置。
　　（6）车站有候车的站台及客流集散、售检票等功能的站厅。
　　（7）车站有必要的设备用房及管理用房等。

---

　　❶　城市轨道交通种类繁多，按照用途可分为城市铁路、城郊铁路、地铁、轻轨、有轨电车、独轨交通、磁悬浮线路、机场联络铁路、新交通系统等，本教材主要以介绍地铁为主。

第二节　城市轨道交通车站建筑技术标准

一、设计原则

（一）适用性

城市轨道交通车站是客流相对集中的交通建筑，在设计中必须使车站能有序地组织客流进站和出站，或方便换乘，满足客流高峰时所需的各种规定及楼梯、通道等宽度要求，上下楼梯位置的设置能均匀地接纳客流。另外，要有足够的设备用房和管理用房，以满足技术设备的布置及运行管理的要求，使车站具有完善的使用功能。

（二）安全性

城市轨道交通车站的建造，被人们比作上天入地的工程，因此对工程结构的安全、可靠提出更高的要求，一旦出问题将危及千百人的生命。在建筑设计上，特别是城市轨道交通车站建筑设计，要给人们带来安全、可靠的保证，如：有足够明亮的照明设施，以减弱人们身处地下的不安心理；有足够宽的楼梯及疏散通道，在突发事件时能够在安全时间内快速疏散；有明确的指示牌及防灾设施等。

（三）识别性

城市轨道交通是一种定时快速的公共交通，站间运行速度很快，而到站至发站的间歇时间也极短，因此车辆线路及车站都必须有明显的特征和标志，以免乘客误乘或错站。如车辆按运行不同的线路标示不同的色带，车站采用特殊的造型和不同的色调，在关键部位设有详尽清晰的指示标牌，引导人们的走向，可使乘客快速接受信息，做出正确的行为判断。

（四）舒适性

以人为本的设计原则已成为世人的共识，无论是车辆的内部环境还是车站的外部环境，都体现这一设计原则，如自动扶梯数量的配置，环控的设置，车站内部服务设施如公用电话、自动售票、残疾人通道、公厕、座椅、垃圾桶等的设置，尽管人们在车站内逗留的时间是短暂的，但还是要创造一个满足人的行为所需的环境，使人们在生理和心理上感到舒适。

（五）经济性

城市轨道交通建设的投资是相当大的，其中车站土建工程的造价约占总投资的13%。因此，车站建筑设计，在满足功能的前提下，应尽量压缩车站的长度及控制车站的埋深或车站架空高度，以降低造价、节约投资。

二、车站建筑一般要求

（1）城市轨道交通车站布置，应符合路线规划、线路走向、城市交通、环境、建筑及管线规划的要求，促进旧区改造和新区建设，最大限度地吸引客流。

（2）城市轨道交通车站设计，应具有良好的通风、照明、卫生、防灾等设备条件，为乘客提供良好的内部和外部环境，以保证乘客使用安全、方便。

（3）城市轨道交通车站建筑设计，应简洁、明快、大方，体现现代交通建筑特色。

（4）与城市轨道交通车站结合或相连通的物业开发区、过街人行道、地下步行街及商店等公用设施，应分别按有关规范要求采取防灾措施。

（5）车站出入口、风亭、冷却塔等地面建筑，在有条件的地方，应和城市道路两旁规划建筑物合建。当独立设置时，其位置与建筑造型应与周围环境相适应。若紧邻机动车道一侧时，应设置防撞措施。人防出入口在相邻建筑物倒塌范围内的地方，设有防倒塌措施。出入口、垂直电梯及风亭都有各种防范措施。

（6）城市轨道交通车站建筑设计，应满足有关规范、规则的要求，积极稳妥地采用先进技术、先进工艺及新材料，在满足使用功能和技术要求的同时，力求城市轨道交通车站建筑的多样化。

（7）城市轨道交通车站设计，应充分利用地下、地上空间，实行综合开发。

（8）车站规模，应满足远期设计客流需要。远期设计客流量为预测高峰小时客流量高峰系数。按设计客流量计算楼梯、扶梯、通道、售检票设施的能力及出入口宽度。验算车站各部位尺寸和客流通行能力时，远期预测高峰小时客流量应取用早、晚高峰小时客流量中的较大值控制设计。换乘站换乘设施应满足预测的远期换乘客流量的需要。

（9）疏散通道通畅，不设置阶梯和其他障碍物体等，与其他建筑物合建的城市车站出入口，在其附近地带不能设置任何有碍疏散的设施。

（10）车站内的柱和其他障碍物不能设置于主要行走路线上。

（11）车站内防火分区的划分、防烟分区的划分，应结合建筑整体布局，依据规范及时与消防部门商洽，最终确定。

三、城市轨道交通车站的选型与车站组成

（1）城市轨道交通车站的选型可以按线路走向分为侧式站台（图1-1）与岛式站台（图1-2）。

（2）按结构的类型可分为矩形箱式地下建筑和圆形或椭圆形的隧道式建筑。

（3）按建筑布局的形式可分为浅埋式和深埋式。

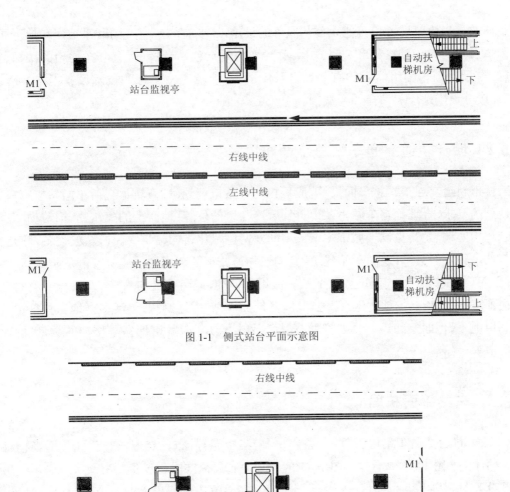

图 1-1 侧式站台平面示意图

图 1-2 岛式站台平面示意图

（4）上述这些车站的建筑形式，结合各城市特有的发展规划、地理条件及经济状况，因地制宜地考虑选型，如某城市轨道交通车站模式基本采用矩形的箱式结构，分上、下两层，上层为站厅层，用以集散客流、售检票，并设置主要的设备管理用房；下层为站台层，主要功能为供列车停靠、客流候车及设置少量的设备管理用房。某城市火车站地铁站考虑市民换乘出租车或中巴车、大巴车以及换乘国铁旅客列车的需要，设有交通层等特殊设施。交叉换乘需要设有上、中、下三层。

（5）城市轨道交通车站的组成基本上分为两大部分：一是与客流直接相关的公共区域，站厅层、站台层及出入口通道，站厅层要有足够的公共区域面积，满足高峰时段客流的集散，有足够数量售检票设备和其他为公共服务的设施,还要有一定宽度的联系地面和地下通道、出入口及通向站台的楼梯和自动扶梯;站台要有足够的站台宽度,有分布均匀的楼梯、自动扶梯,有满足列车编组停靠的有效站台长度;二是涉及车站运行的技术设备用房及管理用房,一般分设于站厅和站台的两端部。

四、城市轨道交通车站总平面布局

城市轨道交通车站总平面设计,应积极配合城市规划,城市轨道交通车站站位应满足城市规划的要求,合理确定车站出入口、风亭、冷却塔的位置;地面上的建筑物、构筑物,应与城市景观相协调,尤其是设于城市主干道中间及两侧绿化带的建筑物、构建物、设备,应充分考虑与城市环境的关系;地面车站建筑物、构建物与城市既有规划的建筑要满足防火间距的要求;出入口通道兼顾过街通道,使车站客流组织便捷,避免人流与人流、人流与车流的交叉;应根据车站的特点、场地的地形、地理环境、地面规划,因地制宜、灵活多样地布置车站,合理地利用地下、地面空间进行物业开发;站厅层和站台层,应紧密地布局楼梯的数量、位置、设备用房等。

五、车站平面布局

城市轨道交通车站内管理、设备用房,应集中布置,布置合理、紧凑、面积适当、名称统一。站厅层(图1-3)、站台层(图1-4)应合理地布局公共区和设备用房及车站管理用房,公共区分为付费区和非付费区。站厅层公共区,主要解决客流出入的通道口、售票、进出站检票、付费区与非付费区的分隔,站厅与站台的上下楼梯与自动扶梯的位置等。

图1-3 站厅层

图 1-4 站台层

车站内柱子,其断面尺寸,应有利于站台宽度的控制(图中为矩形柱)。

六、车站的楼梯、检票口、出入口通道

车站的楼梯、检票口(图 1-5)、出入口通道(图 1-6),这三者的通行能力应满足超高峰小时设计客流的需要,并应满足在发生事故灾害时,能在 6min 内将一列车乘客、站台上候车人员及车站工作人员全部撤离站台,所以有人将出入口通道比作是城市轨道交通车站的"生命线"。另外,出入口所处的位置会影响集聚客流的数量,涉及城市轨道交通车站运行的效益,同时出入口的设置还有利于周边地面的商业兴旺,所以许多商家争引城市轨道交通车站出入口进入商厦成为有见识的理念。

图 1-5 地铁检票口

出入口的位置在总平面设计时,经多方面的协调取得最佳效益,一方面要考虑地下通道的顺畅,应确保下车乘客到就近通道或楼梯口的最远距离不超过 50m;另一方面也要考虑能

均匀且尽量多地吸纳地面客流。因此,出入口一般都在交叉路口并结合地面商业建筑设置。设置在地面建筑内的地铁出入口,由于其内部空间有一定限制,主要考虑其楼梯的位置与形式及客流路线与商家界限的可分可合,并满足地铁出入口本身的特殊防洪要求。一般出入口地面高程比室外人行道高程高出450mm,另外,出入口还设置防洪闸板以防特大洪水的侵袭,出入口的立面造型由整体地面建筑决定,有明显的地铁站标志。

图1-6　城市轨道交通车站出入口

七、城市轨道交通车站的换乘设计

城市轨道交通只有在形成基本网络的情况下,才能充分发挥其应有的功效。在路网的交叉点,各线路车站之间必须设置相互连通的换乘设施。

换乘的布置形式有多种,有站台与站台的直接换乘,也有通过站厅的间接换乘。站台直接换乘使旅客换乘快捷、省时、顺畅,根据城市轨道交通车站线路交叉的情况及两车站的位置,可形成站台与站台的十字换乘、丁字换乘、L形换乘和平行换乘的模式。换乘主要是通过上下楼梯来完成,因此,楼梯宽度必须根据高峰小时最大换乘客流量来计算。在楼梯上下串通不同线路车站底板或楼板时,必须注意留出设备、管线的通道,并保证楼梯上部洞口高度满足要求。

八、城市轨道交通车站的剖面设计

剖面设计主要解决的是车站的结构形式、结构尺寸、设备和建筑所需的空间高度以及车辆通行停靠的限界要求。城市轨道交通车站剖面效果如图1-7所示。地铁多为两层结构,个别换乘站有三层或者四层结构。

图 1-7　城市轨道交通车站剖面效果图

九、城市轨道交通车站的内部环境设计

城市轨道交通车站的布局及一系列的建筑设备及设施布置,需要通过内部空间设计来体现。城市轨道交通车站内部空间设计的原则与建筑设计的原则一致,在保证其安全、适用、通达、快捷的基础上,考虑视觉范畴内的造型因素及装饰材料的应用,改善地下空间封闭、沉闷和压抑的环境,使全线车站在统一格局的设计基础上,成为具有一定识别性的典型车站。

城市轨道交通车站的内部空间设计包括以下几点:
(1)空间形态设计。
(2)界面线形及其用材。
(3)照明、标志、色彩及其他公用设施配置。

十、城市轨道交通车站的地面风亭(风井)

城市轨道交通车站的地面风亭(图 1-8)是体量相当大的构筑物,由于对其有风量和风速的要求,排风或进风口的面积较大,再加上规范要求进排风口之间应保持一定的距离,风口开设高度必须离地高于 2m 等,使庞大的风亭耸立于地面之上,对城市景观造成破坏。因此,在建筑设计时必须加以重视,一般采用以下几种方法:

(1)与地面开发建筑合为一体,淡化风亭的存在,将风亭建于地面开发建筑内。

(2)在城市街区中,风亭独立设置,从形体上加以

图 1-8　风亭

分化,降低风亭庞大体量的视觉效果,结合地面绿化及城市建筑小品,共同塑造城市景观。独立风亭的风口有多个方向。

(3)在大片绿地中或城市车道中间绿化带中的风亭,以其独特的造型存在,降低风井高度,风口朝天开设,使其隐没于绿化丛中,并妥善解决井底雨水的排放。

十一、建筑防火

城市轨道交通的地下工程及出入口、通风亭、地面车站,均按一级耐火等级设计,其危险等级为中危险级。各种建筑物应有明确的防火分区划分,每个防火分区的安全出口数量不少于两个,并应有一个出口直通安全区域。车站出入口的数量,应根据客运需要与疏散要求设置,浅埋车站不宜少于4个出入口。当分期修建时,初期不得少于2个。具体参照《地铁设计规范》(GB 50157—2013)、《建筑设计防火规范》(GB 50016—2014)。

十二、城市轨道交通车站的人防设计

城市轨道交通车站利用自身的结构条件,在战争时成为城市人民防空的理想隐蔽场所和疏散人流、运输物资的通道。因此,城市轨道交通车站在战时必须对出入口、通风口、人防连通口及其他孔口做好防护措施,结合车站结构同步建设到位,对有些战时不需要的孔口、通道及战时的设备安装应预留位置及预埋件,在临战规定期限内做到快速封堵、安装、改造到位,实行平、战功能转换。

一般将一个城市轨道交通车站加一段隧道区间作为一个防护单元,相邻防护单元设置一道防护隔断门(图1-9)。

图1-9 防护隔断门

第三节 车辆段、停车场的建筑组成及特点

车辆段是车辆停放、检查、整备、运用和修理的管理中心所在地。若运行线路较长,为了有利于运营和分担车辆的检查清洗工作量,可在线路的另一端设停车场,负责部分车辆的停放、运用、检查和整备工作。当技术经济合理时,也可以两条或两条以上线路共设一个车辆段。城市轨道交通除车辆保养基地以外,尚有综合维修中心、材料总库和职工技术培训中心等基地,有条件时,尽量将它们与车辆段规划在一起。图1-10为车辆段鸟瞰图。

图 1-10　车辆段鸟瞰图

一、城市轨道交通车辆段、停车场的设计原则

(1)收发车顺畅。
(2)停车检修分区合理。
(3)用地布置紧凑。

二、城市轨道交通车辆段、停车场的设计位置

一般采用贯通式或尽端式。
(1)贯通式：设置在线路中央地带，两端均可收发车，能力较大。
(2)尽端式：设置在线路一端，能力小些。

三、车辆段、停车场的建筑组成

车辆段包括综合楼（办公用）、运用库、检修库、物资总库、调机及工程车库、洗车机库、污水处理站、混合变电所、材料棚、轮对踏面检测库、镟轮库、试车间、杂品库、门卫等单体建筑。

四、车辆段、停车场主要生产性用房的功能

(一)停车列检库

停车列检库是城市轨道交通车辆段最重要的生产性用房之一，列车的停放、日常整备、

技术检查和一般性故障处理都在这里进行。其规模,一般按近期需要确定,同时预留远期发展的条件。库形为尽端式时,每线不超过 2 列位;贯通式时,每线不超过 3 列位。

(二)检修库

检修库是车辆段最基本的车间,是车辆段检修工作的核心,其他车间都应围绕检修库进行布置,与修车关系最密切的辅助车间通常宜与修车库联合建于同一建筑物内。依据城市轨道交通车辆的检修周期,定期完成对城市轨道交通车辆的计划性修理(包括定修、架修和大修);承担新车或检修后列车的静调工作;负责车辆段内设备和机具的维修及调车机车的日常维修工作。

(三)物资总库

物资总库承担本线范围内运营和检修所需的各种材料、机电设备、机具、备品备件、配件、钢轨、劳保用品,以及其他非生产性固定资产的采购、存放、保管和供应工作。物资总库主要设施是各种库房、料棚和材料装卸线站,主要设备有起重运输设备、自动化立体仓储设备和普通可调式工业货架等。

(四)调机及工程车库

列车发生事故(如脱轨、颠覆)或接触网中断供电时,能迅速出动救援设备起复车辆,或将列车牵引至邻近车站或城市轨道交通车辆段,并排除线路故障,恢复行车秩序。

(五)洗车机库

列车清洗机是对列车外表面实施自动洗车作业的专业设备(有些还具备进行淋雨试验的功能)。列车长期在隧道、地面和高架线路上高速运行,其车体端面和表面会吸附很多灰尘或其他脏物,长期累积影响车辆外表面美观性,应予及时清洗,完成车身两侧(包括车门、窗玻璃、侧顶弧圆面)及车端面(包括端面肩部)的洗刷工作。

(六)轮对踏面自动检测库

轮对踏面自动检测库(图 1-11)是对车辆轮对踏面损伤进行自动检测的库房,实现信号采集与处理。

(七)镟轮库

镟轮库(图 1-12)是用于城市轨道交通车辆在整列编组不解列、车下转向架轮对不落轮的条件下,通过专用设备对车辆单个轮对的车轮踏面和轮缘的磨损、缺陷表面进行镟削加工的库房。

（八）杂品（危险品）库

杂品（危险品）库是存放危险品的库房，如汽油、酒精、油漆等物品。

图1-11 轮对踏面自动检测库

图1-12 镟轮库

（九）混合变电所

混合变电所（图1-13）承担全线变电所设备、接触网和高中压电缆线路及相关设备、电力监控设备、全线杂散电流防护设备的运营管理、巡检、维护保养、检修工作。

图1-13 混合变电所

第四节　城市轨道交通土建结构形式与技术标准

一、隧道结构形式及技术标准

（一）盾构法区间隧道

盾构一般为直径5200mm的圆形，隧道管片内径D=5200（限界）+100（各种误差）×2=5400mm。采用钢筋混凝土平板型管片单层衬砌。盾构管片模板采用标准环，环宽1.5m，管片厚度300mm，左右转弯环楔形量45mm，衬砌环沿环向分为6块，即3块标准块、2块邻接块和1块封顶块。环与环间以16根纵向弯螺栓相连；块与块间以12根环向弯螺栓相连。管片重心处设一个吊装孔，兼作二次注浆孔。管片采用错缝拼装。

（二）矿山法区间隧道

矿山法隧道，采用马蹄形断面，其断面形式满足B型车限界要求、曲线超高及其他施工误差、测量误差等。隧道衬砌，由初期支护、二次衬砌和夹层防水层构成复合式衬砌。初期支护由喷射混凝土及格栅钢架构成，二次衬砌采用防水钢筋混凝土。其初期支护和二次衬砌的厚度及配筋需根据周围地层岩性、隧道埋深和地下水等情况确定，一般初支厚度为250～300mm，二次衬砌厚度为250～400mm。某区间长度约510m，区间长度较短，采用矿山法施工。

（三）明挖法区间U形槽

明挖法施工的区间隧道采用矩形断面的框架结构。单线隧道为单孔钢筋混凝土矩形断面结构，双线隧道采用双孔钢筋混凝土矩形断面结构。隧道出地面后为钢筋混凝土U形槽结构。停车场出入段线和车辆段出入段线采用明挖隧道结构。

二、车站及附属物结构形式及技术标准

（一）明挖法施工的车站结构形式

1. 矩形框架结构

（1）有单层、双层、单跨、双跨、双层多跨等形式。
（2）侧式车站采用双跨结构。
（3）岛式车站采用三跨结构，有时也用单跨结构。
（4）有时可用上、下线重叠结构。

2. 拱形结构

拱形结构常用于站台宽度较窄的单跨单层或单跨双层车站。

3. 整体式结构与装配式结构

(1) 现浇混凝土结构具有防水性和抗震性能好,能适应结构体系的变化等优点。
(2) 装配式结构施工速度快,但接头防水较薄弱,整体性、刚度、抗震性能差。

(二) 盖挖法施工的车站结构形式

(1) 盖挖法多采用矩形框架结构。
(2) 盖挖车站,一般均采用与围护墙结合的现浇的成型方法。
(3) 软土地区车站,多采用地下墙或钻孔桩作围护结构,分单双层墙两种结构。

(三) 矿山法施工的车站结构形式

(1) 断面形式,应根据围岩条件使用要求处理方法及开挖断面的尺寸等从结构受力围岩稳定及环境保护等方面综合考虑确定。
(2) 宜采用连接圆顺的马蹄形断面。
(3) 围岩条件较好时,采用拱形与直墙或曲墙组合的形状;软岩及砂土地层,应设仰拱或受力平板底。
(4) 硬岩中设 200mm 的铺底作整体道床的基础。
(5) 特殊困难条件下可采用平顶式结构。

(四) 盾构法施工的车站结构形式

(1) 盾构法施工的车站可由两个并列的圆形隧道组成的侧式站台车站。
(2) 车站隧道的内径主要取决于侧站台宽度、车辆限界及列车牵引受电方式。
(3) 总宽度较窄时可设在道路之下,用于客流量较小的车站。
(4) 技术难点在于横通道的设计与施工。

(五) 换乘站的隧道衬砌结构形式

(1) 换乘方式按结构分类:
① 在两个或几个单独设置的车站之间设置联络通道等换乘设施;
② 修建两条或多条线路使用的联合换乘站;
③ 在两个相交车站的局部,修建公共换乘结点。
(2) 按线路在车站内的位置,后两种又分为:
① 两条线路设于同一水平上的车站;
② 两条线路设于不同水平上的重叠式车站;
③ 两条线路设于同一水平上的交叉式车站。

（3）重叠式车站的站台形式：
①上层侧式,下层两侧式间作共享通道；
②上下层均为侧式站台；
③上下层均为岛式站台。

（六）城市轨道交通车站围护结构

（1）一般采用地下墙、钻孔灌注桩、人工挖孔桩及SMW工法作围护结构。
（2）地下墙可作主体侧墙的一部分,或只作围护结构。

（七）附属物结构形式及标准

附属物结构形式多为钢筋混凝土结构。

1. 紧急疏散平台

区间隧道在行车前进方向左侧,根据线路情况设置,应宽度不小于600mm的紧急疏散平台。

2. 区间联络通道

区间中部应设间距不大于600m的消防联络通道。

3. 主排水泵站

区间隧道实际坡度最低点（联络通道处）应设排除结构渗漏水和消防废水的主排水泵站,其集水池有效容积大于$20m^3$（当泵站下穿运河等水域段时,集水池容积大于$30m^3$）,有效高度为1.5～2.0m。集水池盖板上检修孔≥800mm×800mm,人孔Φ≥700mm。泵站地坪距轨面大于250mm。

4. 雨水泵站

明挖隧道洞口处,应设置雨水泵,泵站内集水池有效容积,应大于最大一台水泵5～10min的出水量。泵站地坪较轨面至少高250mm。

三、桥梁结构形式

（一）梁式桥

梁式桥作为承重结构主要是以它的抗弯能力来承受荷载。梁式桥在竖向荷载作用下,支承处仅产生竖向反力。

梁式桥又可分为简支梁桥和连续梁桥。一段梁体只在两端有支撑物,并且在一端作为固定端,另一端作为活动端,称为简支梁,简支梁属静定结构。

一段梁体连续跨越三个或三个以上的支撑物,称为连续梁。一般地,连续梁在中墩处布置一个固定支座,其他墩上布置活动支座。我们把每一个桥洞称为"一跨"或"一孔",而把从一端梁缝到另一端梁缝之间的若干跨称为"一联"。

连续梁属超静定结构。相较于简支梁,连续梁具有伸缩缝少、噪声小、行车平稳、挠度小的特点,同时对地基不均匀沉降也较为敏感。

(二)拱桥

拱桥作为承重结构,主要是以它的抗压能力来承受荷载。拱桥在竖向荷载作用下,支承处不仅产生竖向反力,还会产生一个强大的水平推力。

(三)刚构桥

刚构桥介于梁式桥和拱桥之间,它作为承重结构同时以它的抗弯和抗压能力来承受荷载。刚构桥相较于梁式桥最大的区别,在于它的梁体和桥墩是直接刚接,而不是像梁式桥那样通过支座来连接。

(四)缆索体系桥

缆索体系桥,主要包括斜拉桥和悬索桥。这两种桥型是大跨径桥梁优先考虑的桥型。在城市轨道交通建设中,由于悬索桥的刚度较小,故很少选用悬索桥。

(五)组合体系桥

将以上各种桥型进行混合,就是组合体系桥。连续刚构,也即连续梁的梁体与桥墩之间直接刚接,不设支座。在拱的两端设置拉索或者梁(称为系杆或系梁)等,使得水平力互相平衡,这样的拱称为无推力拱,也称为系杆拱,适用于地基较差的桥位。

四、车辆段、车场结构形式及技术标准

跨度大于或等于9m的库房、车库宜采用钢结构形式,其余单体建筑宜采用钢筋混凝土框架结构。

建筑结构设计使用年限为50年,抗震烈度7度,建筑耐火等级不低于Ⅱ级,防水等级Ⅰ级。根据城市轨道交通线路的规模,决定车辆段各生产性用房的建筑规模。

五、其他结构形式及技术标准

涵洞是指在城市轨道交通工程建设中,为了使城市轨道交通顺利通过水渠不妨碍交通,设于路基下修筑于路面以下的排水孔道(过水通道),通过这种结构可以让水从城市轨道交通的下面流过。用于跨越天然沟谷洼地排泄洪水,或横跨道路作为人、畜和车辆的立交通道,或农田灌溉作为水渠。涵洞主要由洞身、基础、端和翼墙组成等。涵洞常用砖、石、混凝土和钢筋混凝土等材料筑成。一般孔径较小,形状有管形、箱形及拱形等。

第二章　城市轨道交通建筑结构系统

> **岗位应知应会**
>
> 1. 掌握地下防水、楼地面、抹灰、饰面砖工程相关施工方法和基础理论。
> 2. 了解基础分部、门窗、涂料、屋面工程的相关施工工艺。
>
> **重难点**
>
> 重点：地下防水工程的防水措施和屋面防排水系统。
> 难点：饰面砖施工（维修）质量控制措施。

第一节　基础分部工程

一、地基基础处理

地基基础处理，包含灰土地基、高压喷射注浆地基、注浆地基、水泥土搅拌桩地基、砂和砂石地基、PHC 管桩、土工合成材料地基、强夯地基、堆载预压地基等几大类。

地基处理：指为了提高地基承载力，改善其变形性质或渗透性质而采取的人工地基处理方法。

具体来说，主要从以下五个方面改善原状软弱地基的性质。

1. 改善剪切特性

由于土体的强度主要是指其抗剪强度，土体的破坏是受剪破坏，而不是受压破坏，所以改善剪切特性实际上是提高土体强度（两个重要指标就是 C、$\varPhi$ 值）。

2. 改善压缩特性

主要是提高地基土的压缩模量，借以减少地基土的沉降。简而言之，就是提高地基抗变形特性。

3. 改善透水特性

主要是解决由于地下水的运动而出现的问题。如流沙、管涌等。

4. 改善地基的动力特性

地震时饱和松散粉细沙（包括部分轻亚黏土）将会发生液化。主要解决地基的振动特性，提高抗震性能。

5. 改善特殊土的不良特性

主要是消除或减少黄土的湿陷性和膨胀土的胀缩性。

二、桩基础

城市轨道交通车站桩基础，主要为钢筋混凝土灌注桩。常用施工方法如下。

（一）干作业螺旋钻孔桩

干作业螺旋钻孔灌注桩，按成孔方法可分为长螺旋钻孔灌注桩和短螺旋钻孔灌注桩。用以上两种螺旋钻孔机成孔后，在桩孔中放置钢筋笼或插筋，然后灌注混凝土，成桩。

干作业螺旋钻孔桩，适用于地下水位以上的填土层、黏性土层、粉土层、砂土层和粒径不大的砾砂层；但不宜用于地下水位以下的上述各类土层以及碎石土层、淤泥层、淤泥质土层。对非均质含碎砖、混凝土块、条块石的杂填土层及大卵砾石层，成孔困难大。

干作业螺旋钻孔桩的优点有：振动小，噪声低，不扰民；钻进速度快；无泥浆污染；造价低；设备简单，施工方便；混凝土灌注质量较好等；缺点有：桩端或多或少留有虚土；承载力较打入式预制桩低；适用范围限制较大。

（二）反循环钻成孔灌注桩

反循环钻成孔施工法是在桩顶处设置护筒，护筒内的水位要高出自然地下水位 2m 以上，以确保孔壁的任何部分均保持 0.02MPa 以上的静水压力，以保护孔壁不坍塌。在钻进过程中，冲洗液从钻杆与孔壁间的环状间隙中流入孔底，并携带被钻挖下来的岩土钻渣，由钻杆内腔返回地面，与此同时，冲洗液又返回孔内形成循环。

反循环钻进成孔适用于填土、淤泥、黏土、粉土、砂土、砂砾等地层；当采用圆锥式钻头可进入软岩，当采用滚轮式钻头可进入硬岩；反循环钻进成孔不适用于自重湿陷性黄土层，也不宜用于无地下水的土层。

反循环钻成孔灌注桩的优点有：振动小、噪声低；除特殊情况外，用天然泥浆即可保护孔壁；采用特殊钻头可钻挖岩石；是对付砂土层最适宜的成孔方式；可进行水上施工；钻挖速度较快。缺点有：很难钻挖比钻头的吸泥口径大的卵石（15cm 以上）层；土层中有较高压力的水或地下水流时，施工比较困难；废泥水处理量大；由于土质不同，钻孔时桩径扩大 10%～20%，混凝土的用量会增大。

（三）冲击钻成孔灌注桩

冲击成孔施工法，是采用冲击式钻机带动一定能量的冲击钻头，在一定的高度内使钻头提升，然后突放使钻头自由下落，利于冲击动能冲挤土层或破碎岩层形成桩孔，再用掏渣筒或其他方法将钻渣岩屑排出。

冲击钻成孔适用于填土层、黏土层、粉土层、淤泥层、砂土层和碎石土层；也适用于砾卵石层、岩溶发育层和裂隙发育的地层施工，而后者常常是回转钻进和其他钻进方法施工困难的地层。桩孔直径通常为600～1500mm，最大直径可达2500mm；钻孔深度一般为50m左右，某些情况下可超过100m。

冲击成孔灌注桩的优点有：破碎有裂隙的坚硬岩土和大的卵砾石所消耗的功率小，破碎效果好，同时，冲挤作用形成的孔壁较为坚固；钻进参数容易掌握，设备移动方便，机械故障少；泥浆用量少，消耗小；在流沙层中亦能钻进。缺点有：大部分作业时间消耗在提放钻头和掏渣上，钻进效率较低；容易出现桩孔不圆的情况；容易出现孔斜、卡钻和掉钻等事故；由于冲击能量的限制，孔深和孔径均比反循环钻成孔施工法小。

三、混凝土基础

混凝土基础，主要有模板、钢筋、混凝土、后浇带混凝土、混凝土结构缝处理等分项。

钢筋混凝土基础，分为钢筋混凝土条形基础和柱下钢筋混凝土独立基础。这类基础的抗弯和抗剪性能良好，可在竖向荷载较大、地基承载力不高以及承受水平力和力矩荷载等情况下使用。与无筋基础相比，其基础高度较小，因此更适宜在基础埋置深度较小时使用。

第二节　主体分部工程

一、车站支护结构

城市轨道交通车站，一般采用钻孔灌注桩、地下连续墙、套筒咬合桩、SMW工法桩等作为围护结构。根据轨道交通沿线各站所处环境条件、交通疏解条件、管线迁改条件、地质水文条件等控制性因素，结合施工技术、工程工期、综合造价等，经综合比选，初步拟定围护结构方案。

顺作法施工的基坑中，一般使用基坑内压杆式支撑系统（钢管或钢筋混凝土）和基坑外拉力式支撑系统（锚索、锚杆）。大部分车站为规则的窄长形基坑，一般可选择采用钢筋混凝土支撑（图2-1）或钢管内支撑（图2-2）；对于基坑宽度大、形状不规则的车站，或周边环境对基坑变形的控制要求较高时，支撑体系优先考虑采用钢筋混凝土支撑；不具备设置内支撑的特殊部位可采用基坑外拉力式支撑系统（锚索或锚杆）。

图 2-1　钢筋混凝土支撑

图 2-2　钢管支撑

二、车站主体结构

城市轨道交通车站主体结构,一般采用现浇钢筋混凝土箱形框架结构,纵向柱距一般为9m。为了有效利用车站的层内空间,降低结构高度,顶、底及中楼板均采用纵梁体系,不设横梁。

车站主体结构施工方法为:明挖顺筑法,主要施工步骤如下:

(1)施工前期准备,进行三通一平,施工场地围蔽;

(2)施作车站围护结构、中间临时立柱桩;

(3)开挖基坑前,施作好围护桩桩顶冠梁;

(4)逐层开挖基坑,并依次施作支撑,直到基坑底面;

(5)施工底板下的接地网和垫层;

(6)顺作施工,车站底板防水层、底板、侧墙防水层、侧墙、中柱、中板和顶板,并根据施工情况从下往上依次拆除各道支撑;

（7）拆除临时中立柱并封堵中立柱桩孔洞（包括防水措施）；
（8）施工车站顶板防水层、恢复顶板覆土及路面施工；
（9）施工车站内部结构。

三、区间主体结构

（一）区间工法选择

区间隧道施工方法，基本分为明挖法、矿山法、盾构法。

1. 明挖法

明挖法是一种快捷的施工方法，它适用于各种不同的地质条件，处理方法简单，技术成熟，施工安全，质量可靠。其缺点是施工时对周围环境和交通影响较大，且在隧道埋深较深的情况下，施工风险较大，工程造价较高。

明挖法主要用于当隧道埋深较浅，且地面有足够的施工场地的地段，在基坑开挖范围内无重要的市政管线或市政管线可以临时改移，城市道路交通流量不大或当需要封闭道路交通时有临时改道条件，特别是盾构工作井、隧道洞口地段覆土较浅处等地段，均适宜采用明挖法施工。

2. 矿山法

地铁施工采用矿山法，是为适应城市浅埋暗挖隧道的需要而发展起来的一种施工方法，也称浅埋暗挖法。目前已在全国各主要城市地铁工程中广泛使用。其断面根据地铁限界要求，一般设计为马蹄形断面，采用复合式衬砌。

浅埋暗挖法处理方法简单、灵活，可以根据不同地层条件及时修正、变更，适宜在岩石地层或无地下水的松软地层中施工。对岩石地层采取分步或全断面开挖，喷锚支护复合式衬砌，它能充分利用围岩的自稳能力。在软弱地层中通过超前支护提高围岩的自稳能力，在围岩失稳之前及时施作初期支护，其施工方案及施工步骤一般根据地层围岩分级及地表周边环境条件来确定。

初期支护，一般采用网喷＋锚杆＋格栅钢架或型钢钢架的联合支护形式；二次衬砌采用现浇模筑混凝土。当地层条件较差时，可采用预注浆或旋喷加固地层，管棚超前支护等工程措施，尽可能限制围岩的松弛变形，以保证洞壁稳定，从而达到控制地表沉降的目的。根据隧道所穿越的不同地层及埋设深度，分别采用不同的支护形式。地下水位较高时，辅以降水等辅助施工措施。矿山法施工的主要缺点是地表沉降较大且不易控制，对周边的建筑物的安全影响较大，防水效果相对较差。

3. 盾构法

盾构法是一种先进的工法，具有施工进度快，管片精度高，衬砌质量可靠，防水性能好，地表沉降小，占用场地少，无噪声，无振动公害，对地面交通及沿线建筑物、地下管线和居民生活影响小等优点,且随着盾构机制造技术的进步,盾构法隧道的造价已接近甚至已低于矿山法隧道或明挖法隧道。

盾构法适宜在松软含水地层或城市地下管线密布、施工条件困难地段采用。盾构法施工即在盾构机盾壳的保护下,依靠其前部的刀盘开挖地层,并在盾构机壳体内完成出渣、管片拼装、衬砌背后注浆,再向前推进等一系列作业。盾构法施工中采用高精度管片及防水密封垫,单层钢筋混凝土管片组成的隧道衬砌可取得良好的防水效果,不需要修筑内衬结构。

(二)区间隧道及附属结构

1. 盾构法区间隧道

(1)盾构法隧道(图2-3)采用具有一定接头刚度的单层柔性衬砌,在满足结构强度及使用寿命的前提下,其衬砌圆环的变形、管片接缝的张开量及混凝土裂缝的开展和防水性能,均能控制在允许范围内;采用单层衬砌,处理方法简单、节省投资,并可确保施工进度。

图2-3 盾构法区间隧道

(2)地铁区间隧道的线路是由直线与曲线(圆曲线及缓和曲线)所组成,为了满足盾构隧道在曲线上偏转及蛇行纠偏的需要,应设计楔形衬砌环。

(3)隧道盾构管片模板采用通用衬砌环环宽1.50m,管片厚度350mm,通用衬砌环楔形量40mm,衬砌环沿环向分为6块,即3块标准块、2块邻接块和1块封顶块。环与环间以16根纵向弯螺栓相连;块与块间以12根环向弯螺栓相连。管片重心处设一个吊装孔,兼作二次注浆孔。管片采用错缝拼装。

2. 矿山法区间隧道

矿山法隧道(图2-4),一般采用马蹄形断面,其断面形式满足限界要求、曲线超高及其他施工误差、测量误差等。隧道衬砌由初期支护、二次衬砌和夹层防水层构成复合式衬砌。初期支护由喷射混凝土及格栅钢架或型钢钢架构成,二次衬砌采用防水钢筋混凝土。其初期支护和二次衬砌的厚度及配筋需根据周围地层条件、隧道埋深和地下水等情况确定,一般初期支护厚度为 250～300mm，二次衬砌厚度为 250～400mm。矿山法用于联络通道及排水泵站施工时，由于断面小，一般可采用直墙拱形结构形式。

图 2-4　矿山法区间隧道

3. 明挖法区间隧道

采用明挖法施工的区间隧道（图 2-5），一般采用矩形断面的框架结构，矩形断面内轮廓与地铁建筑限界最为接近，断面净空可得到充分利用，结构整体性好，防水要求容易得到满足。明挖区间隧道围护结构类型有土钉支护、钻孔灌注桩、套管咬合桩、人工挖孔桩、型钢水泥土挡墙（SMW 工法）、地下连续墙等；在基坑施工场地开阔和地层条件较好的情况下，可以考虑放坡开挖加辅助稳定边坡措施的工法。

图 2-5　明挖法区间隧道

明挖区间隧道主体结构根据线路条件，单线隧道一般为单孔钢筋混凝土矩形断面结构，双线隧道一般采用双孔钢筋混凝土矩形断面结构，中间设隔墙分开，以利于区间隧道通风，结构顶板上可敷设城市地下管网和设施。隧道出地面后为钢筋混凝土 U 形槽结构。其主体结构根据区间功能和建筑净空拟定区间内净空，根据结构受力、变形、抗浮和稳定性等各方面要求拟定主体结构构件尺寸。其结构顶板、底板、侧墙和中隔墙等厚度及配筋,需根据隧道所处地层岩性参数、埋深、地下水和各种荷载等条件综合计算确定。

停车场出入线和车辆段出入线的部分区段,可采用明挖隧道结构,正线区间隧道部分区段可根据功能、场地等情况考虑明挖法施工。

4. 附属结构

（1）紧急疏散平台

区间隧道设置紧急疏散平台,根据线路情况该平台宽度,一般情况平台宽度不小于700mm,困难情况平台宽度不小于550mm,均设置在行车前进方向左侧。

（2）区间联络通道

当区间隧道中发生火灾等意外事故时,为便于乘客逃生,须在区间隧道中设置联络通道,乘客可通过联络通道安全疏散至另一条平行隧道内,同时也可供消防人员使用。区间长度大于600m时应设置联络通道。

（3）区间风井

根据通风要求,长大区间隧道需设置中间风井,风井内设置疏散楼梯。风井结构除应满足运营通风要求外,还应满足施工期间的各种要求。

第三节 地下防水工程

一、主要设计原则

（1）地下工程防水设计,应遵循"以防为主、刚柔结合、多道防线、因地制宜、综合治理"的原则,严格满足环境保护的要求,并采取与其相适应的防水措施。

（2）确立钢筋混凝土结构自防水体系,即以结构自防水为根本,采取措施控制混凝土裂缝的开展,增加混凝土的密实性和抗渗抗裂性能;以变形缝、施工缝等接缝防水为重点,并根据需要和可能设置附加防水层或采取其他防水加强措施。

（3）防水设计遵照《地铁设计规范》（GB 50157—2013）、《地下工程防水技术规范》（GB 50108—2008）进行。

二、主要技术标准

车站结构防水等级为一级,结构不允许渗水,结构表面无湿渍;区间结构防水等级为二级,结构不允许漏水,结构表面可有少量湿渍。

三、主要防水措施

（一）车站结构防水

（1）主体结构自防水：与地下水直接接触的部位均采用防水混凝土,防水混凝土的抗渗等级,应根据结构埋深确定并不低于 P8,同时应满足耐久性要求。

（2）外包防水层：结构迎水面设全外包柔性防水层。底板及贴壁式边墙外侧采用预铺反黏性能的柔性防水卷材,顶板及离壁式边墙外侧优先采用优质防水涂料,形成皮肤式防水。

（3）施工缝部位：迎水面设防水卷材加强层,中部采用镀锌钢板或钢边橡胶止水带,新旧混凝土结合面涂刷高黏结性能的界面处理剂（水泥基渗透结晶型专用混凝土施工缝涂刷材料）。

（4）变形缝部位：迎水面设防水卷材加强层和外贴式止水带,中部采用中埋式止水带,缝内充填防水嵌缝材料。

（5）穿墙管的主管,应在浇筑混凝土前埋设,其中部设置止水环或遇水膨胀止水条等。

（二）区间结构防水

1. 盾构法隧道防水

（1）管片采用 C50 高强度混凝土制成的高精度管片,抗渗等级为 P10,其氯离子扩散系数不宜大于 $3\times 10^{-12} m^2/s$。

（2）管片之间设置密封垫沟槽,其内设置高弹性三元乙丙橡胶密封垫。密封垫应满足 100 年的使用寿命。三元乙丙橡胶密封垫与遇水膨胀橡胶相比,初始和长期的密封性均较好。

（3）管片上预留有嵌缝槽。为防止隧道上半部拱顶滴漏危及行车安全,要求对隧道上半部拱顶 60°范围和拱底 90°范围的环、纵缝作嵌缝密封。变形缝以双组分聚硫密封胶作整环嵌缝。

（4）应加强盾构隧道与端头井的接头防水,包括：施工阶段的临时接头与竣工后的永久接头防水。临时接头主要由帘布橡胶圈及其压紧装置构成,辅以注浆导管注浆堵水。永久接头均指盾构洞口后浇环梁与管片以及内衬混凝土结构之间的接缝,均采用双道遇水膨胀止水条和预埋注浆管的方法处理,注浆管引出的注浆导管间距 4～5m。

（5）盾构隧道与联络通道接口的防水,要重点加强,一般采用在接口部位预埋注浆管和遇水膨胀止水条的方法进行处理。

（6）盾构推进后,应及时向管片与地层之间的空隙回填注浆。注浆应选择具有和易性好、渗水性小、具有一定强度的浆液,并及时、均匀和足量压注,确保建筑间隙得以及时足量地填充。注浆浆液主要采用水泥砂浆,注浆压力设定为 0.3～0.5MPa,充填率为 160%～200%,压浆与推进同步进行。

（7）螺栓孔,采用可更换的遇水膨胀橡胶密封圈作为螺孔密封圈加强防水。

2. 矿山法隧道防水

(1) 矿山法衬砌可用自身的密实性防水。

(2) 复合式衬砌除自身的密实性防水外,尚需作夹层防水。

(3) 隧道初期支护时,应预留注浆管,当初期支护闭合成环一定长度时,应及时进行衬砌的背后注浆,当地层透水系数大,或排水不畅时,需加大支护的厚度及背后注浆,使初期支护能最大限度地止水。

(4) 初期支护与二次衬砌之间的防水夹层采用全包防水。

3. 明挖法隧道

(1) 迎水面结构全部采用防水混凝土进行结构自防水,同时在结构的迎水面设置柔性全包防水层。要求铺设防水层的基层表面不得有明水流,否则应进行堵漏或临时引排。

(2) 顶板宜采用厚度不小于 2.0mm 的单组分聚氨酯涂膜防水层,侧墙和底板可采用聚乙烯丙纶复合防水卷材、膨润土防水材料或与现浇混凝土可自黏的防水卷材。

(3) 迎水面结构的施工缝,均宜采用宽度不小于 35cm 的钢边橡胶止水带进行防水处理,非迎水面结构施工缝可采用 20mm×10mm 的遇水膨胀止水条进行防水处理。当迎水面结构施工缝无法安装止水带时,宜采用双道止水条和预埋注浆管的方法处理。

(4) 明挖区间隧道与车站、盾构隧道的后浇环梁两侧的施工缝,均采用双道止水条和预埋注浆管的方法进行防水处理。

(5) 变形缝(包括诱导缝)均采用宽度 30～35cm 的背贴式止水带和宽度为 35cm 的钢边橡胶止水带进行防水处理,也可采用 30～35cm 宽的塑料中埋式注浆止水带代替钢边橡胶止水带。同时要求变形缝背水面一侧预留凹槽,设置不锈钢板接水盒。由于顶板外表面无法设置背贴式止水带,需要采用迎水面变形缝内密封胶嵌缝的方法进行防水处理。密封胶应与侧墙背贴式止水带粘贴密实。密封胶可采用聚氨酯或聚硫密封胶。

4. 其他

(1) 区间结构可根据需要适当设置变形缝(伸缩缝),但应根据实际的地质情况采取措施以保证缝两侧的沉降差在允许范围。

(2) 结构变形缝(伸缩缝)的宽度一般为 20mm。

第四节 楼地面工程

一、定义

楼地面工程,包括楼面、地面两大部分(图 2-6)。地面一般由垫层、防潮层、找平层、结合层、面层等构造层次组成;楼面一般多由找平层、结合层、面层等构造层次组成。当地面和楼层地面的基本构造不能满足使用或构造要求时,可增设结合层、隔离层、填充层、找平层等其他构造层次。楼地面工程不含屋面工程。

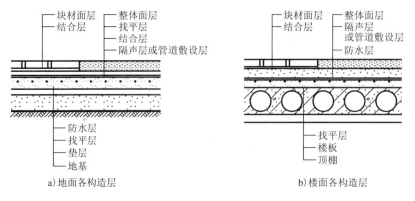

图 2-6 楼面构造

二、构造

(1)地面垫层材料:常用的有混凝土、砂、炉渣、碎(卵)石等。结合层材料:常用的有水泥砂浆、干硬性水泥砂浆、黏结剂等。

(2)填充层材料:常用的有水泥炉渣、加气混凝土块、水泥膨胀珍珠岩块等。

(3)找平层:常用水泥砂浆和混凝土。

(4)隔离层:材料有防水涂膜、热沥青、油毡等。

(5)面层材料:常用的有混凝土、水泥砂浆、现浇(预制)水磨石、天然石材(大理石、花岗岩等)、陶瓷锦砖、地砖、木质板材、塑料、橡胶、地毯等。

三、名词解释

(一)基层

基层指楼板或夯实的土基。

(二)垫层

垫层指承受荷载,并均匀传递给基层的构造层。

(三)填充层

填充层指在楼地面上起隔音、保温、找坡或敷设暗管、暗线等作用的构造层。

（四）找平层

找平层指在垫层、楼板或填充层上找平或加强等作用的构造层。

（五）隔离层

隔离层指起防水防潮的构造层。

（六）结合层

结合层指在面层与下层结合的中间层。

（七）面层

面层指整体面层、块料面层等面层。

1. 整体面层

整体面层指较大面积内一次浇筑同一种材料而成的楼地面层。按材料的不同，可分为水泥砂浆面层（图2-7）、水磨石面层（图2-8）、细石混凝土面层、菱苦土面层、环氧面层（图2-9）等。

图2-7 水泥砂浆面层

图2-8 水磨石面层

2. 块料面层

块料面层指用一块块的饰面材料做的面层，例如：预制水磨石块楼地面层（图2-10）、彩釉砖楼地面层（图2-11）、水泥花砖楼地面层（图2-12）、陶瓷砖楼地面层、盲道砖（图2-13）和青红砖楼地面层等。

图2-9 环氧面层

图2-10 预制水磨石块楼地面层

图 2-11 彩釉砖楼地面层

图 2-12 水泥花砖楼地面层

图 2-13 盲道砖地面层

3. 橡胶面层

橡胶面层（图 2-14）主要包括橡胶板楼地面层、橡胶卷材楼地面层、塑料板楼地面层、塑料卷材楼地面层。

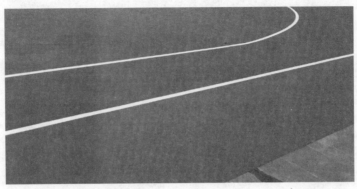

图 2-14　橡胶地面层

4. 其他材料面层

其他材料面层主要包括楼地面地毯、竹木地板、防静电活动地板（图 2-15）、金属复合地板（图 2-16）。

图 2-15　防静电活动地板

图 2-16　金属复合地板

(八)踢脚线

在居室设计中,踢脚线起着视觉的平衡作用,利用它们的线形感觉及材质、色彩等在室内相互呼应,可以起到较好的美化装饰效果。踢脚线的另一个作用是它的保护功能。踢脚线,顾名思义就是脚踢得着的墙面区域,所以较易受到冲击。做踢脚线可以更好地使墙体和地面之间结合牢固,减少墙体变形,避免外力碰撞造成破坏。踢脚线是地面的轮廓线,视线经常会很自然地落在上面,一般装修中踢脚线出墙厚度为 5～12mm 或者 8～15mm。踢脚线包括水泥砂浆踢脚线、石材踢脚线(图 2-17)、块料踢脚线、现浇水磨石踢脚线、塑料板踢脚线、木质踢脚线(图 2-18)、金属踢脚线(图 2-19)、防静电踢脚线。

图 2-17 石材踢脚线

图 2-18 木质踢脚线

图 2-19 金属踢脚线

四、防静电地板

防静电地板在微电子工业生产中有着广泛的应用,常用于大规模、超大规模集成电路洁净车间、电子设备生产车间地面、程控电话交换机房、移动通信机房、广播电视发射中心、电力控制调度中心、交通运输调度中心、计算机机房、微波通信站机房等。防静电地板的作用是控制静电放电对计算机通信、各类电子设备及对静电敏感器件产生危害,避免人体在车间内移动产生静电,防止计算机内存及电子仪器内部的损坏和对人体的伤害。

常见防静电地板,有硫酸钙防静电地板、陶瓷防静电地板(图2-20)、全钢防静电地板(图2-21)、PVC防静电地板、三防复合防静电地板和铝合金防静电地板等。

图2-20 陶瓷防静电地板

图2-21 全钢防静电地板

一般地铁目前采用的是全钢防静电地板,安装在通信机房、信号机房、车控室、调度中心、售票问讯处等位置。规格有600mm×600mm×30mm和600mm×600mm×50mm两种,由地板、支撑、横托组成。

第五节 抹灰工程

一、定义

抹灰工程是用灰浆涂抹在房屋建筑的墙、地、顶棚、表面上的一种传统做法的装饰工程。我国有些地区把它习惯地叫作"粉饰"或"粉刷"。

抹灰工程指用抹面砂浆涂抹在基底材料的表面,具有保护基层和增加美观的作用,为建筑物提供特殊功能的系统施工过程。抹灰工程具有两大功能:一是防护功能,保护墙体不受风、雨、雪的侵蚀,增加墙面防潮、防风化、隔热的能力,提高墙身的耐久性能、热工性能;二是美化功能,改善室内卫生条件,净化空气,美化环境,提高居住舒适度。

二、分类

(一)处理方法分类

抹灰工程分类如图2-22所示。

按处理方法不同,抹灰工程分为一般抹灰、清水砌体勾缝等。一般抹灰是指在建筑物墙面(包括混凝土、砌筑体、加气混凝土砌块等墙体立面)涂抹石灰砂浆、水泥砂浆、水泥混合砂浆、聚合物水泥砂浆和麻刀石灰、纸筋石灰、石膏灰等。

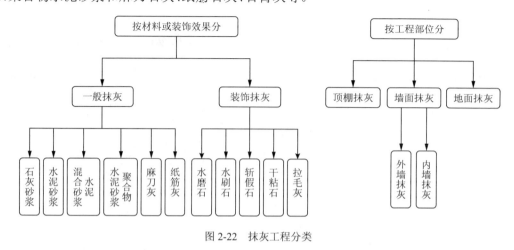

图 2-22 抹灰工程分类

一般抹灰所使用的材料为石灰砂浆、混合砂浆、水泥砂浆、聚合物水泥砂浆以及麻刀灰、纸筋灰、石膏灰等。一般抹灰按质量分为三级，按部位分为墙面抹灰、顶棚抹灰和地面抹灰等。

装饰抹灰是指在建筑物墙面涂抹水砂石、斩假石、干粘石、假面砖等，砂浆装饰抹灰根据使用材料、施工方法和装饰效果不同，分为拉毛灰、甩毛灰、搓毛灰、扫毛灰、拉条抹灰、装饰线条毛灰、假面砖、人造大理石以及外墙喷涂、滚涂、弹涂和机喷石屑等装饰抹灰。石渣装饰抹灰根据使用材料、施工方法、装饰效果不同，分为刷石、假石、磨石、粘石和机喷石粒、干粘瓷粒及玻璃球等装饰抹灰。

（二）施工方法分类

按施工方法分为普通抹灰和高级抹灰两个等级，当无设计要求时候，按普通抹灰施工。

（三）施工空间分类

按施工空间位置抹灰工程分内抹灰和外抹灰。通常把位于室内各部位的抹灰叫内抹灰，如楼地面、内墙面、阴阳角护角、顶棚、墙裙、踢脚线、内楼梯等；把位于室外部位的抹灰叫外抹灰，如外墙、雨棚、阳台、屋面等。

1. 内抹灰

内抹灰主要是保护墙体和改善室内卫生条件，增强光线反射，美化环境；在易受潮湿或酸碱腐蚀的房间里，主要起保护墙身、顶棚和楼地面的作用。建筑施工中通常将采用一般抹灰构造作为饰面层的装饰装修工程称作"毛坯装修"。

2. 外抹灰

外抹灰主要是保护墙身、顶棚、屋面等部位不受风、雨、雪的侵蚀，提高墙面防潮、防风化、隔热的能力，增强墙身的耐久性，也是对各种建筑表面进行艺术处理的有效措施。

三、作用

为了保护灰面平整,避免裂缝,抹灰层一般应分层组成,分层操作。抹灰层一般由底层灰、中层灰和面层灰三层组成。

不同抹灰基层的部位,要求不同的抹灰厚度。

普通抹灰:要求厚度为18mm,表面光滑、洁净,接茬平整。

中级抹灰:要求厚度为20mm,表面光滑、洁净,接茬平整,线角顺直清晰。

高级抹灰:要求厚度为25mm,表面光滑、洁净、颜色均匀,无抹纹,线角和灰线平直方正,清晰美观。

第六节 饰面板(砖)工程

饰面板(砖)主要包括面砖、石材饰面板、金属饰面板等,用于建筑物内、外墙面的装饰工程。饰面板(砖)工程用的材料种类繁多,技术性能各异,一般城市轨道交通车站使用的饰面板(砖)有陶瓷材料(全陶瓷和釉面)、石质材料(天然石和人造石,有粘贴式和干挂式)、盲道砖及金属搪瓷材料(搪瓷挂板)和防静电地板,其中搪瓷挂板的病害非常少见。由于城市轨道交通车站是一级防火单位,所以这些材料都是不燃或难燃材料。

一、金属饰面板

金属饰面板(图2-23)主要有彩色铝合金饰面板、彩色涂层镀锌钢饰面板和不锈钢饰面板三大类。具有自重轻、安装方便、耐候性好的特点,可使建筑物的外观色彩鲜艳、线条清晰、庄重典雅。

a)金属饰面板1

b)金属饰面板2

图2-23 金属饰面板

二、干挂石材

干挂石材（图 2-24）直接在板材上打孔，然后用不锈钢连接器与埋在混凝土墙体内的膨胀螺栓相连，板与墙体间形成 80～90mm 空气层。该工艺多用于 30mm 以下的钢筋混凝土结构，不适用于砖墙或加气混凝土基层。

图 2-24　干挂石材

三、陶瓷面砖

陶瓷面砖主要有以下几类：

釉面瓷砖（图 2-25）：有白色、彩色、印花、图案等品种，主要用于卫生间、厨房、游泳池、水池等饰面材料。

a）图案瓷砖　　　　　　　　　　　　b）纯色瓷砖

图 2-25　釉面瓷砖

外墙面砖（图 2-26）：有表面无釉、表面有釉、立体图案彩釉面砖等品种，其中表面有釉的又分变色釉面、琉璃釉面等几种。

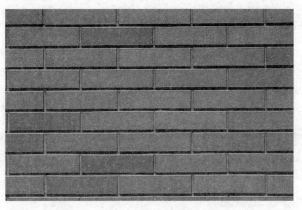

图 2-26　外墙面砖

陶瓷锦砖（图 2-27）：又称"马赛克"，分表面挂釉和不挂釉两种，用于厕浴间、盥洗室、外墙面等的装饰。

　　　　a）

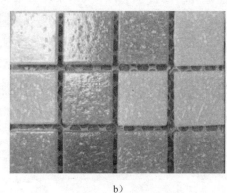
　　　　b）

图 2-27　陶瓷锦砖

大型陶瓷饰面板：有仿天然石材的品种，也可用作大型壁画，可用于公共建筑的内外墙面、柱面等的装饰。

玻璃面砖（图 2-28）：有玻璃锦砖、玻璃质石英饰面砖等品种，可用于外墙面装饰。

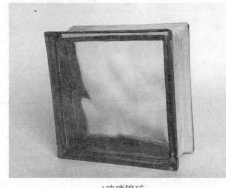
a）玻璃锦砖

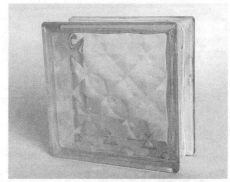
b）玻璃质石英砖

图 2-28　玻璃面砖

第七节 涂料工程

油漆与涂料是同一概念。油漆是人们惯用的名称,由于新型人造漆大多趋向于少用油或完全不用油或用水代替,而改用有机合成的各种树脂,这些统称"涂料"。涂料是指涂抹于物体表面,能与基体材料很好黏结,并形成完整而坚韧保护膜的材料。涂料分为油性涂料和水性涂料,一般城市轨道交通车站最常见油性涂料有过氯乙烯防腐漆;水性涂料有内、外墙乳胶漆。

一、油性涂料

油性涂料又称油脂漆,以干性油为主要成膜物质的一类涂料,主要有清油、厚漆、油性调和漆、油性防锈漆和腻子、油灰等。所用油脂主要是桐油、亚麻油、梓油、豆油、葵花籽油、鱼油等。其特点是易于生产、价格低廉、涂刷性好、涂膜柔韧,渗透性好。缺点是干燥慢,涂膜物化性能较差,现大多已被性能优良的合成树脂漆所取代。

油性涂料主要由四部分组成:成膜物质、颜料、溶剂、助剂,对物件具有保护和装饰功能。

二、水性涂料

凡是用水作溶剂或者作分散介质的涂料,都可称为水性涂料。水性涂料包括水溶性涂料、水稀释性涂料、水分散性涂料(乳胶涂料)三种。水溶性涂料是以水溶性树脂为成膜物,以聚乙烯醇及其各种改性物为代表,除此之外还有水溶醇酸树脂、水溶环氧树脂及无机高分子水性树脂等。水性涂料具有优异的不黏性及耐用性。

第八节 门窗工程

目前,一般城市轨道交通车站采用的门主要有防火门(不锈钢防火门、钢制防火门)、卷帘门(防火防盗卷帘门和防火卷帘门、人防门等)。一般不锈钢防火门安装在车站站厅及站台的公共区,钢制防火门安装在车站设备用房和管理用房,防火防盗卷帘门安装在出入口,防火卷帘门安装在公共区物业区,人防门安装在出入口通道内。窗的形式一般采用塑钢水平推拉窗。

门窗工程按材质分为木门窗、铝合金门窗、彩板组角钢门窗、塑料门窗、钢门窗、不锈钢成品门窗。

（一）木门窗

（1）木门按项目分为镶板木门、企口木板门、实木装饰门、胶合板门、胶合板门、夹板装饰门、木质防火门、木纱门、连窗门。

（2）木窗按项目分为木质平开窗、木质推拉窗、矩形木百叶窗、异性木百叶窗、木组合窗、木天窗、矩形木固定窗、异形木固定窗、装饰空花木窗。

（二）金属门窗

（1）金属门按项目分为金属平开门、金属推拉门、金属地弹门、彩板门、塑钢门、防盗门、钢质防火门（图2-29）。

（2）金属窗按项目分为金属推拉窗、金属平开窗、金属固定窗、金属百叶窗、金属组合窗、彩板窗、塑钢窗、金属防盗窗、金属格橱窗、特殊五金。

（三）金属卷帘门

金属卷帘门（图2-30）按项目分为金属卷闸门、金属格栅门、防火卷帘门。

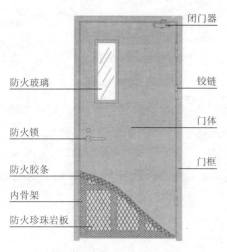

图2-29 钢制防火门

图2-30 金属卷帘门

（四）其他门

其他门按项目分为电子感应门、转门、电子对讲门、电动伸缩门（图2-31）、全玻门（带扇框）、全玻自由门（无扇框）、半玻门（带扇框）、镜面不锈钢饰面门。

门按开启方式分为平开门、推拉门、弹簧门、转门；窗按开启方式分为平开窗、推拉窗（图2-32）、中悬窗、固定窗、撑窗。

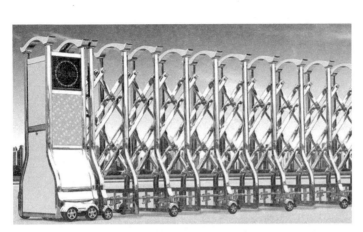
图 2-31　电动伸缩门

图 2-32　推拉窗

第九节　屋面工程

一、定义

屋面是建筑物最上层的外围护构件，用于抵抗自然界的雨、雪、风、霜、太阳辐射、气温变化等不利因素的影响，保证建筑内部有一个良好的使用环境。屋面应满足坚固、耐久、防水、保温、隔热、防火和抵御各种不良影响的功能要求。

为满足屋面的基本功能，屋面应设有防水层、保温层等，完整的屋面工程包括屋面板、找平层、隔气层、找坡层、保温层、找平层、防水层、保护层。如图 2-33、图 2-34 所示。

二、分类

屋面分平屋面、坡屋面、曲面屋面三个部分：

（一）平屋面

平屋面（图 2-35）通常是指排水坡度小于 5% 的屋面，常用坡度为 2% ～ 3%。

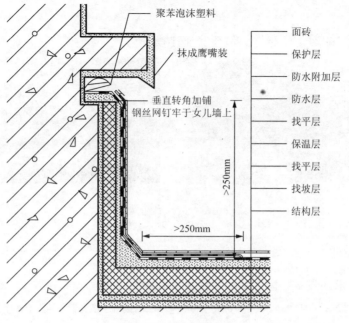

图 2-33 屋面工程 1

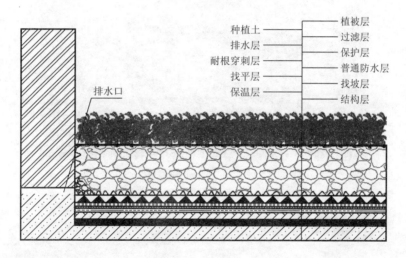

图 2-34 屋面工程 2

a) 钢制平屋面

b) 混凝土平屋面

图 2-35 平屋面

(二)坡屋面

坡屋面(图 2-36)通常是指屋面坡度大于 10%。

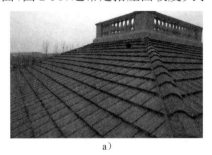

图 2-36 坡屋面

(三)曲面屋面

随着科学技术的发展,出现了许多新型的屋顶结构形式,如拱结构、薄壳结构、悬索结构、网架结构屋面等,多用于较大跨度的公共建筑。如图 2-37、图 2-38 所示。

图 2-37 曲面屋面 1

图 2-38 曲面屋面 2

(四)屋面工程分类

根据《建筑工程施工质量验收统一标准》(GB 50300—2013),屋面工程可分为:
(1)卷材防水屋面:包括保温层,找平层,卷材防水层和细部构造。

(2)涂膜防水屋面：包括保温层，找平层，涂膜防水层和细部构造。
(3)刚性防水屋面：包括细石混凝土防水层，密封材料嵌缝和细部构造。
(4)瓦屋面：包括平瓦屋面，油毡瓦屋面，金属板屋面和细部构造。
(5)隔热屋面：包括架空屋面，蓄水屋面和种植屋面。

三、屋面防排水

（一）屋面防水等级

屋面防水等级见表2-1。

屋面防水等级表　　　　　　　表2-1

项目	屋面防水等级			
	Ⅰ	Ⅱ	Ⅲ	Ⅳ
建筑物类别	特别重要的民用建筑和对防水有特殊要求的工业建筑	重要的民用建筑，如博物馆、图书馆、医院、宾馆、影剧院；重要的工业建筑、仓库等	一般民用建筑，如住宅、办公楼、学校、旅馆；一般的工业建筑、仓库等	非永久性的建筑，如简易宿舍、简易车间等
年限	25年以上	15年以上	10年以上	5年以上
选用材料	应选用合成高分子防水卷材、高聚物改性沥青防水卷材、合成高分子防水涂料、细石防水混凝土、金属板等材料	应选用高聚物改性沥青防水卷材、合成高分子防水涂料、高聚物改性沥青防水涂料、细石防水混凝土、金属板等材料	应选用高聚物改性沥青防水卷材、高聚物改性沥青防水涂料、合成高分子防水涂料、刚性防水层、平瓦、油毡瓦等材料	应选用高聚物改性沥青防水卷材、高聚物改性沥青防水涂料、沥青基防水涂料、波形瓦等材料
设防要求	三道或三道以上防水设防，其中必须有一道合成高分子防水卷材；且只能有一道2mm以上厚度的合成高分子涂膜	两道防水设防，其中必须有一道卷材，也可以采用压型钢板进行一道设防	一道防水设防，或两种防水材料复合使用	一道防水设防

（二）屋面排水

1. 无组织排水

无组织排水是指屋面雨水直接从檐口滴落至地面的一种排水防水，不用天沟、雨水管等导流雨水，又称自由落水。主要用于少雨地区或一般低层建筑，相邻屋面高差小于4m；不宜用于临街建筑和较高的建筑。

2. 有组织排水

有组织排水是指雨水经由天沟、雨水管等排水装置被引导至地面或地下管沟的一种排水方式。

第二篇 实务篇

第三章　城市轨道交通建筑结构维修

> **岗位应知应会**
>
> 1. 掌握建筑结构维修的分类。
> 2. 熟悉建筑结构维修常用重要工器具和常用材料。
> 3. 了解建筑结构维修的特点。
>
> **重难点**
>
> 重点：建筑结构维修的分类。
> 难点：重要工器具的日常保养及操作规程。

第一节　建筑结构维修的特点

建筑结构维修是一项经常性的工作。车站结构建筑使用期限长，在使用中由于自然或人为因素的影响，会导致建筑结构、设备的损坏或使用功能的减弱，而且由于车站、隧道所处的地理位置、环境和用途的差异，同一结构建筑结构使用功能减弱的速度和损坏的程度也是不均衡的，因此，建筑结构维修是大量的经常性的工作。

第二节　建筑结构维修的分类

建筑结构维修是指在结构（车站）、隧道的设计使用年限内，在对车站、隧道结构设施进行维护和修理，使其保持或恢复原来状态或使用功能的行为。

结构性维修是指为保证结构安全、适用和耐久，对老朽、破损或强度、刚度不足的结构构件进行检查、鉴定及修理。

按维修结构的完损程度不同可分成小修、中修、大修或翻修。

（1）小修也称维护，是指对结构的日常零星维修维护工作，其目的是使结构保持原来的等级。

（2）中修是指结构少量部位已损坏或不符合建筑结构要求，需进行局部修理，在修理中需牵动或拆换少量主体构件，但保持原结构的规模和结构。

（3）大修是指结构的主要结构部位损坏严重，结构已不安全，需要进行全面的修理，在修理中需牵动或拆除部分主体构件的修理工作。

（4）翻修是指结构已失去维修价值，主体结构严重损坏，丧失正常使用功能，有倒塌危险，需全部拆除，另行设计，重新在原地或异地进行更新建造的过程。

第三节　建筑结构维修常用工机具

建筑结构维修工具相对比较简单，操作方便，危险性较小，常用工器具如下：手锤、线锤、木枋、灰铲、铁锹、油刷、排笔、凿子、卷尺、靠尺、胶钳、墨斗、角尺、焊条、钢锯、扳手、纱布、介刀、油漆、润滑油、水平管、木方条、橡皮桶、橡皮锤、尼龙线、警示带、抄平仪、人字梯、拉铆钳、拉铆钉、水平尺、拉爆螺钉、平底抹子、羊毛滚子、玻璃胶枪、螺丝刀组套、电钻、切割机、焊机、角磨机、注浆机等。

重要工机具保养及操作内容如下：

（一）电钻

电钻如图 3-1～图 3-4 所示。

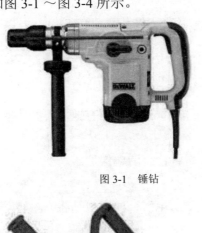

图 3-1　锤钻

图 3-2　手持式冲击钻

图 3-3　手电钻

图 3-4　钻夹头

1. 保养

电钻由于要通风散热,长期使用内部灰尘极多,灰尘会使齿轮及轴承(滑套)上的润滑油混杂变质吸干加剧磨损,特别是另类使用的更甚。为保障电钻的旋转精度,减少因为轴承(滑套)磨损而产生过大的间隙,故极需要保持清洁内部和加脂润滑。

方法如下:

(1)松开电钻外几颗自攻钉或螺钉,平放把其中一半外壳掀开。一般新式手电钻的结构是半嵌式的,即所有的机、电元件都装置在另一半外壳内,先小心取下碳刷,拿下钻夹头一端,再轻轻提起电机把转子取出(不要碰伤漆包线),清抹转子上的整流子(与碳刷接触的部位即是),如果太脏或者磨损严重可先用砂布打磨,再用水砂纸或者金相砂纸打磨至光亮。

(2)转子前、后的轴承如果是密封的,可以把外面清抹干净即可,如果密封损坏则应及时更换。把转子前的螺旋齿轴、壳体内部的油污以及钻夹头杆上的斜齿轮和两端轴承(或轴套)清抹干净。

(3)将卸下的部件装回,先装转子,再装钻夹头杆斜齿轮,装碳刷时,如果碳刷短于7~8mm要及时更换。碳刷要装好压平,最后加一点润滑脂在齿轮副和轴承(或轴套)之间。全部零件要装好压平、检查无误后方可盖上另一半,上紧螺钉,用手转动感觉无卡滞时,才可以通电试转。

2. 操作规程

(1)使用电钻时的个人防护

①面部朝上作业时,要戴上防护面罩。在生铁铸件上钻孔要戴好防护眼镜,以保护眼睛。

②钻头夹持器应妥善安装。

③作业时钻头处在灼热状态,应注意灼伤肌肤。

④用钻 Φ12mm 以上的用钻孔时,应使用有侧柄手枪钻。

⑤站在梯子上工作或高处作业应做好高处坠落措施,梯子应有地面人员扶持。

(2)作业前应注意事项

①确认现场所接电源与电钻铭牌是否相符,是否接有漏电保护器。

②钻头与夹持器应适配,并妥善安装。

③确认电钻上开关接通锁扣状态,否则插头插入电源插座时电钻将立刻转动,可能给操作人员带来危险。

④若作业场所在远离电源的地点,需延伸线缆时,应使用容量足够、安装合格的延伸线缆。延伸线缆如通过人行过道,应高架或做好防止线缆被碾压损坏的措施。

(3)电钻的正确操作方法

①在金属材料上钻孔应首先在被钻位置处打上样冲眼。

②在钻较大孔眼时,预先用小钻头钻穿,然后再使用大钻头钻孔。

③如需长时间在金属上进行钻孔时,可采取一定的冷却措施,以保持钻头的锋利。

④钻孔时产生的钻屑严禁用手直接清理,应用专用工具清屑。

（4）维护和检查

①检查钻头。使用迟钝或弯曲的钻头，将使电动机过负荷面工况失常，并降低作业效率，因此，若发现这类情况，应立刻处理更换。

②电钻器身紧固螺钉检查。使用前检查电钻机身安装螺钉紧固情况，若发现螺钉松动，应立即重新扭紧，否则会导致电钻故障。

③检查碳刷。电动机上的碳刷是一种消耗品，其磨耗度一旦超出极限，电动机将发生故障，因此，已磨耗的碳刷应立即更换，此外碳刷必须经常保持干净状态。

④保护接地线检查。保护接地线是保护人身安全的重要措施，因此Ⅰ类器具（金属外壳）应经常检查其外壳是否有良好的接地。

（二）切割机

切割机主要分为普通切割机（图3-5、图3-6）、等离子切割机（图3-7）、火焰切割机（图3-8）。

图3-5 切割机一　　　　　　图3-6 切割机二

图3-7 等离子切割机

图3-8 火焰切割机

1. 保养

操作完毕应用自来水冲洗工作室及工作台表面的岩渣并擦干。

定期清理拖板和导轨以及导轨传动丝杆上的油渍,并及时加注润滑油。

工作全部结束后,将刀片向前移动 10cm 左右,使行程开关摇臂复位。

切割机整机使用后如在一定的时间内不使用,应将刀片和夹具移动部位及机内一些易生锈的地方涂一层锂。

(1)日常维护和保养

①每个工作日必须清理机床及导轨的污垢,使床身保持清洁,下班时关闭气源及电源,同时排空机床管带里的余气。

②如果离开机器时间较长则要关闭电源,以防非专业者操作。

③注意观察机器横、纵向导轨和齿条表面有无润滑油,使之保持润滑良好。

(2)每周的维护与保养

①每周要对机器进行全面的清理,对横、纵向的导轨、传动齿轮齿条进行清洗,加注润滑油。

②检查横纵向的擦轨器是否正常工作,如不正常及时更换。

③检查所有割炬是否松动,清理点火枪口的垃圾,使点火保持正常。

④如有自动调高装置,检测是否灵敏、是否要更换探头。

⑤检查等离子割嘴与电极是否损坏、是否需要更换割嘴与电极。

(3)月与季度的维修保养

①检查总进气口有无垃圾,各个阀门及压力表是否工作正常。

②检查所有气管接头是否松动,所有管带有无破损,必要时紧固或更换。

③检查所有传动部分有无松动,检查齿轮与齿条啮合的情况,必要时进行调整。

④松开加紧装置,用手推动滑车,是否来去自如,如有异常情况及时调整或更换。

⑤检查夹紧块、钢带及导向轮有无松动、钢带松紧状况,必要时进行调整。

⑥检查所有按钮和选择开关的性能,如损坏立即更换,最后画综合检测图形检测机器的精度。

2. 操作规程

(1)切割前准备

①使用前必须认真检查设备的性能,确保各部件的完好性。

②对电源闸刀开关、锯片的松紧度、锯片护罩或安全挡板进行详细检查,操作台必须稳固,夜间作业时应有足够的照明亮度。

③使用之前,先打开总开关,空载试转几圈,待确认安全无误后才允许启动。

④操作前必须查看电源是否与电动工具上的常规额定 220V 电压相符,以免错接到 380V 的电源上。

(2)切割注意事项

①切割机工作时务必要全神贯注,不但要保持头脑清醒,更要理性地操作电动工具。严禁疲惫、酒后或服用兴奋剂、药物之后操作切割机。

②电源线路必须安全可靠,严禁私自乱拉,小心电源线摆放,不要被切断。使用前必须认真检查设备的性能,确保各部件完好。

③穿好合适的工作服,不可穿过于宽松的工作服,更不要戴首饰或留长发,严禁戴手套及袖口不扣而操作。

④加工的工件必须夹持牢靠,严禁工件装未夹紧就开始切割。

⑤严禁在砂轮平面上,修磨工件的毛刺,防止砂轮片碎裂。

⑥切割时操作者必须偏离砂轮片正面,并戴好防护眼镜。

⑦严禁使用已有残缺的砂轮片,切割时应防止火星四溅,并远离易燃易爆物品。

⑧装夹工件时应装夹平稳牢固,防护罩必须安装正确,装夹后应开机空运转检查,不得有抖动和异常噪声。

⑨中途更换新切割片或砂轮片时,不要将锁紧螺母过于用力,防止锯片或砂轮片崩裂发生意外。

⑩必须稳握切割机手把均匀用力垂直下切,而且固定端要牢固可靠。

⑪不得试图切锯未夹紧的小工件或带棱边严重的型材。

⑫为了提高工作效率,对单支或多支一起锯切之前,一定要做好辅助性装夹定位工作。

⑬不得进行强力切锯操作,在切割前要待电机转速达到全速方可操作。

⑭不允许任何人站在锯后面,停电、休息或离开工作地时,应立即切断电源。

⑮锯片未停止时不得从锯或工件上松开任何一只手或抬起手臂。

⑯护罩未到位时不得操作,不得将手放在距锯片 15cm 以内。不得探身越过或绕过锯机,操作时身体斜侧 45° 为宜。

⑰出现不正常声音时,应立刻停止检查;维修或更换配件前必须先切断电源,并等锯片完全停止。

⑱如在潮湿地方使用切割机工作时,必须站在绝缘垫或干燥的木板上进行。登高或在防爆等危险区域内使用必须做好安全防护措施。

⑲设备出现抖动及其他故障,应立即停机修理,严禁带病和服用兴奋剂及酒后作业,操作时严禁戴手套操作。如在操作过程中会引起灰尘,要戴上口罩或面罩。

⑳加工完毕应关闭电源,并做好设备及周围场地的清洁。

(三)电焊机

电焊机如图 3-9、图 3-10 所示。

1. 保养

焊机是利用正负两极在瞬间短路时产生的高温电弧来熔化电焊条上的焊料和被焊材料,来达到使它们结合的目的。焊机结构十分简单,就是一个大功率的变压器,电焊机一般按输出电源种类可分为两种,一种是交流电源;一种是直流电源。电焊机使用过程中应重视维护与保养。

图 3-9 电焊机

图 3-10 氩弧焊机

(1) 检查焊机输出接线规范、牢固,并且出线方向向下接近垂直,与水平夹角必须大于 70°。

(2) 检查电缆连接处的螺钉紧固,螺钉规格为六角螺钉 M10×30,平垫、弹垫齐全,无生锈氧化等不良现象。

(3) 检查接线处电缆裸露长度小于 10mm。

(4) 检查焊机机壳接地牢靠。

(5) 检查焊机电源、母材接地良好、规范。

(6) 检查电缆连接处要可靠绝缘,用胶带包扎好。

(7) 检查电源线、焊接电缆与电焊机的接线处屏护罩是否完好。

(8) 检查焊机冷却风扇转动是否灵活、正常。

(9) 检查电源开关、电源指示灯及调节手柄旋钮是否保持完好,电流表、电压表指针是否灵活、准确,表面清楚无裂纹。表盖完好且开关自如。

(10) 检查 CO_2 有无泄漏。

(11) 检查焊机外观是否良好、无严重变形。

(12) 检查 CO_2 焊枪与 CO_2 送丝装置连接处内六角螺钉是否拧紧,CO_2 焊枪是否松动。

(13) 检查 CO_2 送丝装置电缆及气管是否包扎并固定好。

(14) 检查 CO_2 送丝装置矫正轮,送丝轮磨损应及时更换。

(15) 检查检查电机固定和绝缘电圈是否完好。

(16) 检查 CO_2 送丝装置上的遥控盒是否松动。

(17) 检查安装 CO_2 焊枪时,拧紧焊枪开关插头应对准导向槽插入,焊枪安装好后,紧固螺钉要拧紧。

(18) 检查电焊钳有无破损、上下罩壳是否松动影响绝缘,罩壳紧固螺钉是否松动、与电缆连接牢固导电良好。

(19) 检查焊机车轮是否齐全转动灵活。

(20) 每周彻底清洁设备表面油污一次。

(21) 每半年对电焊机内部用压缩空气(不含水分)清除一次内部的粉尘(一定要切断电源后再清扫)。在清除粉尘时,应将上部及两侧板取下,然后按顺序由上向下清除,附着油脂类用布擦净。

(22) 检查各线路及零附件是否完好。

(23) 检查熔断丝是否符合要求,如发现已氧化、严重过热、变色,应更换熔断丝。

(24) 电流调节装置,应符合调节范围的要求。

(25) 检查设备各部润滑情况。

2. 操作规程

(1) 焊接前的准备

①电焊机应放在通风干燥处,放置平稳。

②检查焊接面罩应无漏光、破损。焊接人员和辅助人员均应穿戴好劳保用品。

③电焊机焊钳、电源线以及各接头部位要连接可靠、绝缘良好。不允许接线处发生过热现象,电源接线端头不得外露,应用电胶布包好。

④电焊机与焊钳间导线长度不得超过30m,特殊情况不得超过50m,导线有受潮、断股现象应立即更换。

⑤电焊线通过道路时,必须架高或穿入防护管内埋入地下,如通过轨道时必须从轨道下方通过。

⑥交流焊机初级、次级接线应准确无误,输入电流应符合设备要求。严禁接触初级线路带电部分。

⑦次级抽头联结铜板必须压紧,接线柱应有线圈。合闸前详细检查接点螺栓及其他元件应无松动或损坏。

(2) 焊接中注意事项

①应根据工作的技术条件,选择合理的焊接工艺,不允许超负载使用,不准采用大电流施焊,不准用电焊机进行金属切割作业。

②在载荷施焊中焊机温升不应超过A级60℃、B级80℃,否则应停机降温后再进行施焊。

③电焊机工作场合应保持干燥,通风良好。移动电焊机时,应切断电源,不得用拖拉电源的方法移动电焊机。如焊接中突然停电,应切断电源。

④在焊接中,不允许调节电流。必须在停焊时,使用调节手柄调节,不得过快,过猛,以免损坏调节器。

⑤禁止在起重机运行工件下面做焊接作业。

⑥如在有起重机钢丝绳区域内施焊时,应注意不得使焊机地线误碰触到吊运的钢丝绳,以免发生火花,导致事故。

⑦必须在潮湿区施工时,焊工必须站在绝缘的木板上工作,不准触摸焊机导线,不准用臂夹持带电焊钳。

(3) 焊接完成后注意事项

①完成焊接作业后,应立即切断电源,关闭焊接机开关,分别清理归整好焊钳电源和地

线,以免合闸时造成短路。

②焊时如发现自动停点装置失效,应立即停机断电检修。

③清除焊缝焊渣时,要带上眼镜。注意头部避开焊渣飞溅的方向,以免造成伤害。不能对着在场人员敲打焊渣。

④露天作业完成后应将焊机遮盖好,以免雨淋。

⑤不进行焊接时(移动、修理、调整、工作间歇休息)应切断电源以免发生事故。

⑥每月检查一次电焊机是否接地可靠。

(四)角磨机

角磨机如图 3-11、图 3-12 所示。

图 3-11　角磨机一　　　　图 3-12　角磨机二

1. 保养

小型角磨机是我们日常生活中经常使用的电动工具,在使用过程中也应注重保养。

(1)经常检查电源线连接是否牢固,插头是否松动,开关动作是否灵活可靠。

(2)检查电刷是否磨损过短,要及时更换电刷,以防因电刷接触不良而形成火花过大或烧毁电枢。

(3)注意检查工具的进、出风口不可堵塞,并清除工具任何部位的油污与灰尘。

(4)应及时添加润滑脂。

(5)工具发生故障,应送厂家或指定的维修处检修。如因不正常使用或人为错拆误修而造成的工具损坏,厂家一般不予免费修理或调换。

(6)检查角磨的标记。不能使用的角磨有:无标记、看不清标记的,不能核实的,不管有无缺点的。

(7)检查角磨的缺点。检查方法有 2 种:目测检查,直接用眼睛观察角磨表面有无裂痕等问题;敲击检查,这时主要检查角磨的内部,其方法是用木槌敲打角磨,若角磨没有问题应该是清脆的声音,若有其他的声音则表明角磨内部有问题。

(8)检验角磨的回转强度。对同一种同一批型号的角磨使用回转强度进行抽查,没有经过检测的角磨绝对不可以安装使用。

2. 操作规程

角磨机是用于切削和打磨的一种磨具。轻便型多用角磨机,适合去毛刺及打磨。

操作规定:

(1)带保护眼罩。

(2)打开开关之后,要等待砂轮转动稳定后才能工作。

(3)长头发职工一定要先把头发扎起。

(4)切割方向不能向着人。

(5)连续工作半小时后要停 15min。

(6)不能用手抓住小零件对角磨机进行加工。

(7)工作完成后自觉清洁工作环境。

(五)注浆机

注浆机如图 3-13 所示。

图 3-13　注浆机

1. 保养

(1)如果电动高压注浆机近期不再使用,应将进排阀体及工作缸拆开,清洗干净,刷上防锈液或油脂,再装配起来备用。

(2)拆卸方法:拆下进排阀体,拆下工作缸端螺杆上的两个螺母,取下缸头、缸筒,拆卸时避免损伤各密封件。

2. 操作规程

注浆作业中,作业人员必须佩戴护目镜;若注腐蚀性化学浆液时,还应穿戴防护用品,以防损伤皮肤。

（1）注浆前试机

①检查油箱液压油是否充足,如液面过低应及时添加。

②检查电机和油泵,应能轻松盘动数圈。

③将压力表开关打开,溢流阀调压手轮松开。

④将吸浆管放入清水中,点动电机开关检查旋转方向是否正确。

⑤检查电液阀和行程开关通断是否正常。

⑥启动电机,将油压调至 1～2MPa 试运行 3min 后,将混合器放浆阀开启一定程度,将油压调至设定压力,然后停机,准备工作。

（2）注浆作业

①试机正常后,将两个吸浆龙头放入浆液中,实施正常注浆。

②为保护注浆缸筒及密封,水泥浆液进吸浆筒前应先进行过滤,并在吸浆龙头上包钢丝滤网进行再次过滤。

③注浆作业时,特别是注双液浆时,要注意防止发生堵管。

（3）作业后

①注浆完成后,立即将吸浆龙头放入清水中,注清水 3min 以上,清洗泵内及管道内残存浆液,防止残存浆液凝固。

②拆开吸、排液阀室及混合器,对其内部进行彻底清洗,特别是单向阀钢球及其结合面。在对混合器进行检查时,若发现浆液压力表橡胶鼓膜破损,应立即更换,更换鼓膜后空腔内必须加满机油,然后拧紧压力表。

（4）其他注意事项

①电控箱、行程开关、电液阀等电器一定要保持干燥不得淋水,检查导线外套不得破损,防止漏电。

②注浆泵应水平放置,注浆管接头要牢固,无泄漏。

③机械搬运时不要有大的颠簸,不得随意敲打机器的各部件。

（六）其他部分常用工器具

1. 强光手电筒

强光手电筒（图 3-14）,又称 LED 强光手电筒,是以发光二极管作为光源的一种新型照明工具,它具有省电、耐用、亮度强等优点。

2. 铁丝钳

钢丝钳（图 3-15）是一种常用工具,它可以把坚硬的细钢丝夹断。

在使用电工钢丝钳之前,必须检查绝缘柄的绝缘是否完好,绝缘如果损坏,进行带电作业时非常危险,会发生触电事故。用电工钢丝钳剪切带电导线时,切勿用刀口同时剪切火线和零线,以免发生短路故障。带电工作时注意钳头金属部分与带电体的安全距离。

图 3-14　强光手电筒　　　　图 3-15　钢丝钳

3. 卷尺

卷尺（图 3-16）是日常生活中常用的工量具。常见的是钢卷尺，在建筑和装修中常用，也是家庭必备工具之一。分为纤维卷尺、皮尺、腰围尺等。

4. 人字梯

人字梯（图 3-17）是用于在平面上方空间（如屋顶）进行装修之类工作的一类登高工具。

图 3-16　卷尺　　　　图 3-17　人字梯

因其使用时，前后的梯杆及地面构成一个等腰三角形，看起来像一个"人"字，因而把它形象地称为"人字梯"。

实用的人字梯有固定人字梯和活动人字梯。固定人字梯是人们临时搭建时使用的工具；活动人字梯是将两个梯子的顶部用活页连在一起，移动的时候可以合起来，由于它的灵活性，故广泛应用于电工操作上。早期的人字梯一般是木材制作的，随着金属工业的发展，现在多利用铝合金材料；铝合金人字梯具有轻便、美观、耐用的特点，且造价不高，故被广泛使用。

5. 登高作业车

登高作业车（图 3-18）是地铁场段和隧道区间中常用的一种登高作业设备，可方便人员站在车平台上实现隧道结构和相关设备的维护保养。登高车的一面设有台阶供使用者登上平台，平台配有护栏保证作业者的安全，平台作业面一般大小可容纳 1～2 人站立、转身、移动。另外，登高车配有脚轮，可供使用者在平地和钢轨上推拉移动，方便快捷。

6. 羊角锤

羊角锤（图 3-19）是锤子的一种，一般羊角锤的一头是圆的，一头扁平向下弯曲并且开 V 口，以便起钉。

图 3-18　登高作业车　　　　图 3-19　羊角锤

7. 玻璃胶枪

玻璃胶枪（图 3-20）是一种密封填缝打胶工具，广泛用于建筑装饰等行业。玻璃胶枪分为手动胶枪、气动胶枪、电动胶枪。

打胶速度慢有以下原因：胶枪不好用，不能挤上劲；手劲不足，给力不到位；胶嘴开口过小。处理方法：重新选一把胶枪；加大力度；将胶嘴的口剪大一些。

8. 螺丝刀

螺丝刀（图 3-21）是一种用来拧转螺钉以迫使其就位的工具，通常有一个薄楔形头，可插入螺钉头的槽缝或凹口内。主要有一字（负号）和十字（正号）两种。常见的还有六角螺丝刀，包括内六角和外六角两种。

根据规格标准，顺时针方向旋转为嵌紧；逆时针方向旋转则为松出。

螺丝刀的刀刃必须正确地磨削，刀刃的两边要尽量平行，如果刀刃呈锥形，当转动螺丝刀时，刀刃极易滑出螺钉槽口；螺丝刀的头部不宜磨得太薄，或磨成除方形外的其他形状；在砂轮上磨削螺丝刀时要特别小心，以免因为过热而使螺丝刀的锋口变软，在磨削时，要戴上护目镜。

图 3-20　玻璃胶枪　　　　图 3-21　螺丝刀

第四节　建筑结构维修常用材料

建筑结构维修材料种类繁多，常用材料如下：乳胶漆、油漆、双飞粉、胶水、石膏粉、砂纸、纤维素、水泥、砂子、金属微孔板、铝单面板、铝格栅、U形挂板、铝合金条形板、防火矿棉板、铝合金型板、改性环氧树脂、搪瓷钢板、金属挂件、角铁、不锈钢管、膨胀螺钉、收口盖、连接片、磨片、滑石粉、钢化夹胶玻璃、玻璃吸盘、胶条、玻璃胶、门锁、合页、闭门器、拉手、密封胶带、防火门板、防火门框、自攻螺钉、轻质水泥砖、防静电地板、铝合金材、把手、窗锁、金球锁等。

一、部分常用材料介绍

（一）乳胶漆

乳胶漆（图3-22）是乳胶涂料的俗称，诞生于20世纪70年代中下期，是以丙烯酸酯共聚乳液为代表的一大类合成树脂乳液涂料。乳胶漆是水分散性涂料，它是以合成树脂乳液为基料，填料经过研磨分散后加入各种助剂精制而成的涂料。乳胶漆具备与传统墙面涂料不同的众多优点，如易于涂刷、干燥迅速、漆膜耐水、耐擦洗性好等。在我国，人们习惯上把合成树脂乳液为基料，以水为分散介质，加入颜料、填料（亦称体质颜料）和助剂，经一定工艺过程制成的涂料，叫作乳胶漆，也叫乳胶涂料。

（二）油漆

油漆（图3-23）是一种能牢固覆盖在物体表面，起保护、装饰、标志和其他特殊用途的化学混合物涂料。油漆可以用不同的施工工艺涂覆在物件表面，形成黏附牢固、具有一定强度、连续的固态薄膜。这样形成的膜通称涂膜，又称漆膜或涂层。涂料一般由成膜物质、填料（颜填料）、溶剂、助剂四部分组成。

图3-22 乳胶漆

图3-23 油漆

（三）双飞粉、石膏粉、纤维素

双飞粉也叫"钙镁粉"，主要成分为碳酸钙，也含有少量碳酸镁等，可混合胶水做墙面的涂料,通常用作填料。

石膏粉是五大凝胶材料之一,化学成分为 $CaSO_4·2H_2O$,广泛用于建筑、建材、工业模具和艺术模型等众多应用领域,是一种重要的工业原材料。

纤维素适用于干粉砂浆建材、内外墙耐水腻子粉（膏）、黏结剂、填缝剂、界面剂、水性涂料、自流平剂等新型建材,对防止涂层开裂、提高保水性、提高生产的稳定性和施工的和易性、增加强度、增强对表面的附着力等有良好的效果。

（四）水泥、砂子

水泥是粉状水硬性无机胶凝材料,加水搅拌后成浆体,能在空气中硬化或者在水中更好地硬化,并能把砂、石等材料牢固地胶结在一起。长期以来,它作为一种重要的胶凝材料,广泛应用于土木建筑、水利、国防等工程。

通用水泥是一般土木建筑工程通常采用的水泥。通用水泥主要是指六大类水泥,即硅酸盐水泥、普通硅酸盐水泥、矿渣硅酸盐水泥、火山灰质硅酸盐水泥、粉煤灰硅酸盐水泥和复合硅酸盐水泥。

1. 水泥主要技术指标

（1）相对密度与重度:标准水泥相对密度为 3.1,重度通常采用 $1300kg/m^3$。

（2）细度:指水泥颗粒的粗细程度。颗粒越细,硬化得越快,早期强度也越高。

（3）凝结时间:水泥加水搅拌到开始凝结所需的时间称初凝时间。从加水搅拌到凝结完成所需的时间称终凝时间。硅酸盐水泥、普通硅酸盐水泥初凝时间不早于 45min,终凝时间不迟于 6.5h;火山灰水泥、粉煤灰水泥、复合硅酸盐水泥终凝时间不迟于 10h。

（4）强度:水泥强度应符合国家标准。

（5）体积安定性:指水泥在硬化过程中体积变化的均匀性能。水泥中含杂质较多,会产生不均匀变形。

（6）水化热:水泥与水作用会产生放热反应,在水泥硬化过程中,不断放出的热量称为水化热。

（7）标准稠度:指水泥净浆对标准试杆的沉入具有一定阻力时的稠度。

2. 水泥强度等级

六大水泥实行以 MPa 表示的强度等级,如 32.5、32.5R、42.5、42.5R、52.5、52.5R 等,使强度等级的数值与水泥 28d 抗压强度指标的最低值相同。

硅酸盐水泥分为 3 个等级 6 个类型,即 42.5、42.5R、52.5、52.5R、62.5、62.5R;其他五大水泥也分 3 个等级 6 个类型,即 32.5、32.5R、42.5、42.5R、52.5、52.5R。

3. 强度龄期与各龄期强度指标设置

新标准规定的水泥强度龄期均为 3d、28d 两个龄期,每个龄期均有抗折与抗压强度指标要求。

砂子的主要成分是 SiO_2,是组成混凝土和砂浆的主要材料。它的主要作用是:

（1）在混凝土中，能同水泥分子相结合，增加水泥分子的扩散面积，形成水泥浆后，增强水泥的水化作用。

（2）填充石子颗粒间的空隙，与石子一起共同起到骨架作用，提高混凝土的密实性和强度。

（3）具有一定的润滑作用，改善混凝土拌和物的和易性。

（4）在水泥水化过程中，有效地降低水泥水化热，抑制水泥因物理、化学反应体积变化时裂缝的产生。

（5）在各类砂浆中起到集料作用，并可有效地节省胶结材料。

（6）可在膨胀土、冰冻土等不良土层中充当垫层，起到了保护作用。

（五）改性环氧树脂

环氧树脂是泛指分子中含有两个或两个以上环氧基团的有机化合物，由于分子结构中含有活泼的环氧基团，使它们可与多种类型的固化剂发生交联反应而形成不溶的具有三向网状结构的高聚物。固化后的环氧树脂具有良好的物理、化学性能，它对金属和非金属材料的表面具有优异的黏结强度，介电性能良好，变形收缩率小，制品尺寸稳定性好，硬度高，柔韧性较好，对碱及大部分溶剂稳定，因而广泛应用于国防、国民经济各部门，作浇筑、浸渍、层压料、黏结剂、涂料等用途。

环氧树脂的主要品种有 16 种，包括通用胶、结构胶、耐高温胶、耐低温胶、水中及潮湿面用胶、导电胶、光学胶、点焊胶、环氧树脂胶膜、发泡胶、应变胶、软质材料粘接胶、密封胶、特种胶、潜伏性固化胶、土木建筑胶。

改性环氧树脂（图 3-24）用液体端羧基丁腈橡胶（CTBN）增韧，环氧树脂改性的重点是：提高耐热性、耐燃性，延长使用期和储存期，树脂单组分化，降低黏度，低温固化等。

图 3-24 改性环氧树脂

目前改性环氧树脂（EP 树脂）品种不断增加，按化学结构可分为：

（1）缩水甘油醚类：有甘油 EP、酚醛 EP、溴化 EP 等。

（2）缩水甘油酯类，由酸酐与环氧氯丙烷合成；或由苯酐、水、环氧氯丙烷在氢氧化钠作用下合成。

(3)缩水甘油胺类:由胺与环氧氯丙烷合成。

(4)脂肪族类:由脂肪族与环氧氯丙烷合成,或是环烯烃进行环氧化制得。

(六)搪瓷钢板

搪瓷钢板(图3-25),是一种将无机玻璃质材料通过熔融凝于基体钢板并与钢板牢固结合在一起的新型复合材料。在钢板表面进行瓷釉涂搪可以防止钢板生锈,使钢板在受热时不至于在表面形成氧化层并且能抵抗各种液体的侵蚀。目前主要应用于城市轨道交通车站用装饰墙板、建筑内外墙、隧道用装饰墙板、人行地下通道墙板等。

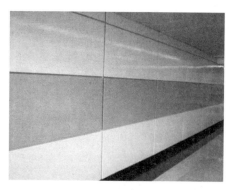

图3-25 搪瓷钢板

二、其他常用材料

1. 砂纸

砂纸(图3-26)根据不同的研磨物质,有金刚砂纸、人造金刚砂纸、玻璃砂纸等多种。干磨砂纸(木砂纸)用于磨光木、竹器表面。耐水砂纸(水砂纸)用于在水中或油中磨光金属或非金属工件表面。

2. 胶水

胶水(图3-27)是连接两种材料的中间体,多以水剂出现,属精细化工类,种类繁多,主要以粘料、物理形态、硬化方法和被粘物材质来分类。常见的有瞬间胶(常见的有502α-氰基丙烯酸乙酯强力瞬间接着剂)、环氧树脂黏结类、厌氧胶水、UV胶水(紫外线光固化类)、热熔胶、压敏胶、乳胶类等。

图3-26 砂纸

图3-27 胶水

3. 金属微孔板

金属微孔板（图3-28）是指在不锈钢板上做微小的孔。微孔板包括激光打孔板、蚀刻筛板、冲孔网板，还有电火花钻孔。

4. 格栅

格栅（图3-29）是近几年来生产的吊顶材料之一，铝格栅具有开放的视野，通风，透气，其线条明快整齐，层次分明，体现了简约明了的现代风格，安装拆卸简单方便，成为近几年风靡装饰市场的主要产品，铝格栅主要可分为凹槽铝格栅和平面铝格栅。

图3-28　金属微孔板

图3-29　铝格栅

5. U形挂环

U形挂环（图3-30）是以圆钢锻制而成，采用抗拉强度不低于372.5N/mm^2（372.5MPa）的钢制造，用途较广，可以单独使用，也可以两个串装使用。

6. 铝合金条形板

铝合金条形板（图3-31）是吊顶产品中的大家族，以高等级预滚涂铝合金为材料，通过辊压成型加工而成，面板规格多种多样，安装系统变化多端。铝合金条形板线条流畅、层次分明，通过线条在上部空间的延伸，可创造出具有导向感的空间效果，现代感十足。在公共空间、民用住宅等领域得到广泛应用。

图3-30　U形挂环

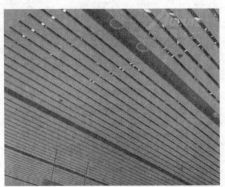
图3-31　铝合金条形板

7. 防火矿棉板

防火矿棉板（图3-32）主要是以矿物纤维棉为原料制成，最大的特点是具有很好的隔声、隔热效果。其表面有滚花和浮雕等效果,矿棉板能隔音、隔热、防火,任何制品都不含石棉,对人体无害,并有抗下陷功能。

矿棉是矿渣和有机物经高温熔化由高速离心机甩出的絮状物,无害、无污染,是一种变废为宝、有利环境的绿色建材。矿棉吸音板是以矿棉为主要原料加工而成的新型环保建材,具有装饰、吸音、保温、隔热、防火、轻盈等多种功能。

8. 铝合金型板

铝合金型板(图3-33)又称为铝合金装饰板或天花扣板,用铝、铝合金为原料,经辊压冷压加工成各种断面的金属板材,具有重量轻、强度高、刚度好、耐腐蚀、经久耐用等优良性能。板表面经阳极氧化或喷漆、喷塑处理后,可形成装饰要求的多种色彩。

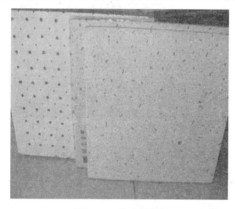

图3-32 防火矿棉板

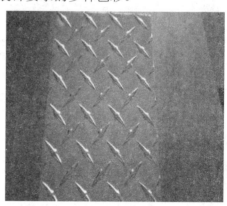

图3-33 铝合金型板

铝合金型板分为铝合金花纹板、蜂窝芯铝合金复合板、铝合金波纹板和压型板、铝合金穿孔吸声板。

9. 角钢

角钢(图3-34)主要分为等边角钢和不等边角钢两类,按结构的不同需要组成各种不同的受力构件,也可作构件之间的连接件。广泛地用于各种建筑结构和工程结构,如房梁、桥梁、输电塔、起重运输机械、船舶、工业炉、反应塔、容器架、电缆沟支架、动力配管、母线支架安装以及仓库货架等。

角钢的表面质量在标准中有规定,一般要求不得存在使用上有害的缺陷,如分层、结疤、裂缝等。角钢几何形状偏差的允许范围在标准中也有规定,一般包括弯曲度、边宽、边厚、顶角、理论重量等项,并规定角钢不得有显著的扭转。

10. 不锈钢管

不锈钢管(图3-35)按材质分为普通碳素钢管、优质碳素结构钢管、合金结构管、合金钢管、轴承钢管、不锈钢管以及为节省贵重金属和满足特殊要求的双金属复合管、镀层和涂层管等。不锈钢管的种类繁多,用途不同,其技术要求各异,生产方法亦有所不同。当前生产的钢管外径范围 0.1～4500mm,壁厚范围 0.01～250mm。

不锈钢管是一种经济的断面钢材,是钢铁工业中的一项重要产品,可广泛用于生活装饰和工业，市面上很多人用于制作楼梯扶手、护窗、栏杆、家具等。常见的有201和304两种材质。

图3-34　角钢

图3-35　不锈钢管

11. 膨胀螺钉

膨胀螺钉（图3-36）一般说的是金属膨胀螺钉，膨胀螺钉的固定是利用楔形斜度来促使膨胀产生摩擦握裹力，达到固定效果。螺钉一头是螺纹，一头有锥度。外面包一铁皮（有的是钢管），铁皮圆筒（钢管）一半有若干切口，把它们一起塞进墙上打好的洞里，然后锁螺母，螺母把螺钉往外拉，将锥度拉入铁皮圆筒，铁皮圆筒被胀开，于是紧紧固定在墙上，一般用于防护栏、雨篷、空调等在水泥、砖等材料上的紧固。但它的固定并不十分可靠，如果载荷有较大震动，可能发生松脱，因此不推荐用于安装吊扇等。

12. 收口盖

收口盖（图3-37）主要用于节点部位收口、收边，如栏杆扶手、灯具的固定节点收口。

图3-36　膨胀螺钉

图3-37　收口盖

13. 不锈钢挂件

不锈钢挂件（图3-38）是用于石材挂件的金属连接件，种类有：角码、单钩码（单燕码）、双钩码（双燕码、蝴蝶码、燕尾码）、托码（托钩、挑码、翘码、挑件）、平板（平码）、T形烧焊码等。

14. 磨片

磨片（图3-39）是用磨料和结合剂树脂等制成的中央有通孔的圆形固结磨具，用以磨削、研磨和抛光，是磨具中用量最大、使用面最广的一种，使用时高速旋转，可对金属或非金属工件的外圆、内圆、平面和各种型面等进行粗磨、半精磨和精磨以及开槽和切断等。磨片种类繁多，按所用磨料可分为普通磨料（刚玉和碳化硅等）和超硬磨料（金刚石和立方氮化硼等）。

图 3-38　不锈钢挂件

图 3-39　磨片

15. 夹胶玻璃

夹胶玻璃(图 3-40)是两片或数片浮法玻璃中间夹以强韧 PVB（乙烯聚合物丁酸盐）胶膜,经热压机压合,并尽可能地排出中间空气,然后放入高压蒸汽釜内利用高温高压将残余的少量空气溶入胶膜而成。或者中间夹 EVA 胶膜,经过高温抽真空,使两片玻璃牢牢黏合在一起。

由于夹胶玻璃具有很高的抗冲击强度和使用的安全性,因而适用于建筑物的门、窗、天花板、淋浴房、地板和隔墙、工业厂房的天窗、商店的橱窗、幼儿园、学校、体育馆、私人住宅、别墅、医院、银行、珠宝店、邮局等保存贵重物品或玻璃易碎的建筑的门窗等。夹胶玻璃也常常被用于学校、机场、旅馆、部委办公楼等公共设施,易于发生事故的地方（落地窗、玻璃门等）及屋顶天窗等处。

16. 玻璃胶

玻璃胶(图 3-41)是一种常用的黏合剂,主要成分为硅酸钠($Na_2O \cdot mSiO_2$)和醋酸以及有机性的硅酮。硅酸钠易溶于水,有黏性,南方也称水玻璃,北方也称泡花碱。

图 3-40　钢化夹胶玻璃

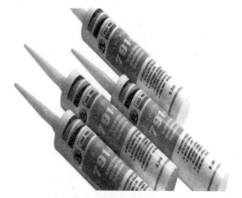
图 3-41　玻璃胶

玻璃胶是将各种玻璃与其他基材进行黏结和密封的材料。主要分两大类:硅酮胶和聚氨酯胶（PU）。硅酮胶密封胶就是我们通常说的玻璃胶,又分酸性和中性两种（中性胶又分为石材密封胶、防霉密封胶、防火密封胶、管道密封胶等）。

硅酮玻璃胶从产品包装上可分为两类：单组分和双组分。单组分的硅酮胶，其固化是靠接触空气中的水分而产生物理性质的改变；双组分则是指硅酮胶分成 A、B 两组，任何一组单独存在都不能形成固化，但两组胶浆一旦混合就产生固化。市场上常见的是单组分硅酮玻璃胶。

17. 合页

合页又名合叶（图 3-42），正式名称为铰链。常组成两折式，是连接物体两个部分并能使之活动的部件。

普通合页：用于橱柜门、窗、门等。材质有铁质、铜质和不锈钢质。普通合页的缺点是不具有弹簧铰链的功能，安装合页后必须再装上各种碰珠，否则风会吹动门板。

烟斗合页：也叫弹簧铰链。主要用于家具门板的连接，它一般要求板厚度为 16～20mm。材质有镀锌铁、锌合金。弹簧铰链附有调节螺钉，可以上下、左右调节板的高度、厚度。它的一个特点是，可根据空间配合柜门开启角度。除一般的 90°外，127°、144°、165°等均有相应铰链相配，使各种柜门都有相应的伸展度。

大门合页：它又分普通型和轴承型，轴承型从材质上可分铜质、不锈钢质。铜质轴承合页式样美观、亮丽，并配备螺钉。

18. 闭门器

闭门器（图 3-43）是门头上一个类似弹簧的液压器，当门开启后能通过压缩后释放，将门自动关上，有像弹簧门的作用，可以保证门被开启后，准确、及时地关闭到初始位置。

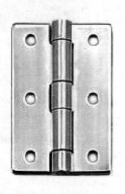

图 3-42　合页

图 3-43　闭门器

液压闭门器的基本构件有支承导向件、传动齿轮、复位弹簧、单向阀、齿条柱塞、节流阀芯和壳体、端盖、密封圈以及连杆。壳体和连杆起着固定闭门器、连接门扇和门框的作用。

闭门器的工作原理是：当开门时，门体带动连杆动作，并使传动齿轮转动，驱动齿条柱塞向右方移动。在柱塞右移的过程中弹簧受到压缩，右腔中的液压油也受压。柱塞左侧的单向阀球体在油压的作用下开启，右腔内的液压油经单向阀流到左腔中。当开门过程完成后，由于弹簧在开启过程中受到压缩，所积蓄的弹性势能被释放，将柱塞往左侧推，带动传动齿轮和闭门器连杆转动，使门关闭。

在弹簧释放过程中,由于闭门器左腔的液压油受到压缩,单向阀被关闭,液压油只能通过壳体与柱塞之间的缝隙流出,并经过柱塞上的小孔以及 2 条装有节流阀芯的流道回流到右腔。因此液压油对弹簧释放构成了阻力,即通过节流达到了缓冲的效果,使门关闭的速度得到了控制。阀体上的节流阀可以调节,可控制不同行程段的、可变化的闭门速度。尽管不同厂家生产的闭门器结构、尺寸有差异,但原理是相同的。

闭门器的种类可分为:外装式和内嵌式门顶闭门器、内嵌式门中闭门器、门底闭门器(地弹簧)、立式闭门器(内置立式闭门器)以及其他类型闭门器。

19. 把手

把手(图 3-44)有 A 型内螺纹孔(螺母形式)和 B 型外丝(外露螺栓)两种安装方式。A 型金属嵌套采用黄铜嵌套,B 型螺栓采用普钢镀蓝白锌。

合金把手:常见于锌合金把手,合金提手是由两种或两种以上的金属与非金属经一定方法所合成的具有金属特性的物质。一般通过熔合成均匀液体和凝固而得。

20. 防火门板

防火门板(图 3-45)是采用硅质材料或钙质材料为主要原料与一定比例的纤维材料、轻质骨料、黏合剂和化学添加剂混合经蒸压技术制成的装饰板材。具有保温隔热、耐火阻燃、吸声隔音、绿色环保等特点。

图 3-44 把手

图 3-45 防火门板

21. 防火门框

防火门框(图 3-46)是指围着门道两旁和顶上的边框和上槛,镶在墙上,通常支撑着门扇、外露的防火门的框架。

22. 防静电地板

防静电地板(图 3-47)又叫作耗散静电地板,是一种地板,当它接地或连接到任何较低电位点时,使电荷能够耗散,以电阻在 $10^5 \sim 10^9 \Omega$ 之间为特征。《电子信息系统机房设计规范》(GB 50174—2008)第 8.3.1 节规定:防静电地板或地面的表面电阻或体积电阻应为 $2.5 \times 10^4 \sim 1.0 \times 10^9 \Omega$。

防静电地板铺设后,一定要进行防静电接地处理并接保护电阻盒,不然起不到防静电作用。

防静电高架地板主要应用于计算机机房、数据处理中心、实验室、微波通信站机房、程控电话交换机房、移动通信机房、卫星地面站机房、电台控制机房、电视发射台控制室、播控室、监控机房、中央控制室等。防静电活动地板一般根据基材和贴面材料不同来划分。基材有钢基、铝基、复合基、刨花板基（木基）、硫酸钙基等。贴面材料有防静电瓷砖、三聚氰胺（HPL）、PVC等。另外还有防静电塑料地板、OA网络地板等。

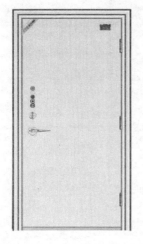

图3-46 防火门框

图3-47 防静电地板

陶瓷防静电地板：采用防静电瓷砖作为面层、复合全钢地板或水泥刨花板、四周导电胶条封边加工而成（没有胶条的陶瓷地板在磕碰时容易掉瓷）。具有防静电性能稳定、环保、防火、高耐磨、高寿命（使用寿命30年以上）、高承载（均布载荷1200kg/m^{2}以上）、防水、防潮、装饰效果好等优点，适用于各类机房。缺点是地板本身较重（一块地板15kg以上），对楼板承重有一定影响；另外也需要专业的安装工人才能安装好，否则会安装不平整。

全钢防静电地板：采用优质合金冷轧钢板，经拉伸后点焊成形。外表经磷化后进行静电喷塑处理，内腔填充425号标准纯水泥，上表面粘贴高耐磨防火高压层板（HPL）或（PVC）板（无贴面为裸板），四周镶嵌导电边条。

全钢地板的优点是施工方便，安装后不存在缝隙问题，更换方便；缺点是面层材料不耐磨、寿命短，容易起皮翘角，使用几年就要更换。

铝合金型防静电地板：采用优质铝锭，一次模压而成，上贴优质防静电贴面，适用于电信、电力电子、微电子、医学等行业的程控机房、计算机机房、电力调度室、洁净净化厂房等要求净化及防静电场所，为防静电地板中最高档产品。

23. 月牙锁

月牙锁（窗锁）（图3-48）广泛用于塑钢铝合金推拉窗。推拉窗的开启和关闭的五金件就是月牙锁。因其形状像月牙，故行内人称之为月牙锁。月牙锁不但起到开启关闭的作用，在一定程度上也起到防盗的功能。月牙锁外观一般有喷漆、烤漆、喷涂、电镀等，其中以白色和铝色居多。月牙锁的款式各异、品种繁多。优质的月牙锁放在手中掂量有沉甸感；外观上比较光滑,没有麻点;月牙锁一般能旋转180°(有的可以360°旋转),优质月牙锁旋转起来比较灵活、自如,旋转起来没有响声,弹性比较好;翻到背面观察,好的月牙锁多为弹簧结构。中心材质是镀锌材质,不易生锈;从材质的厚度观察,优秀的月牙锁相对比较厚实。

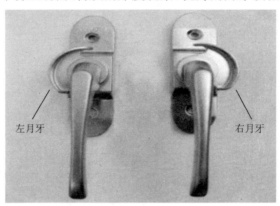

图 3-48　窗锁

第四章　城市轨道交通建筑结构设施常见故障分析及处理方法

> **岗位应知应会**
>
> 了解各类故障原因分析,熟练识别各类故障现象,掌握各类故障的处理方法。
>
> **重难点**
>
> 重点:常见故障的处理方法以及原因分析。
> 难点:故障现象的识别和分类。

第一节　结构类故障分析及处理方法

一、砌体砖墙常见故障分析及处理方法

砌体砖墙一般是建筑物间隔空间的一种方法,砌体砖墙的种类繁多,一般常见的有红砖、水泥砖、普通黏土砖、烧结煤矸石砖和轻质砌块砖砌体砖墙等。地下车站后砌内隔墙根据设备管理用房对墙体要求分别采用加气混凝土砌块墙和烧结煤矸石多孔砖墙。公共卫生间、污水泵房、废水泵房、配电室、内部卫生间和需要挂重物的房间的墙采用烧结煤矸石多孔砖(DM长方形孔模数多孔砖)。车站内的其余隔墙采用加气混凝土砌块。

(一)故障现象

砌体砖墙常见病害有倾斜、裂缝(图4-1)等。

(二)故障原因分析

1. 设计原因产生的裂缝

因设计、构造以及建筑物的不均匀沉降会引起结构内的附加应力,加之多种材料(如混凝土、黏土砖、空心砖、粉煤灰砖、加气砖等)的线膨胀系数差别较大,从而导致裂缝的产生,这种现象一般发生在混合结构处。由非黏土砖(如空心砖、粉煤灰砖、加气砖等)材料组成的强度低的非结构性墙体等,混合结构处的裂缝一般会稍大,而其他区域则相对较小。

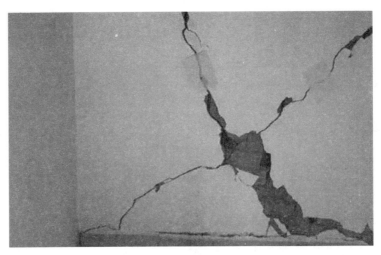

图 4-1 墙体裂缝

承重墙体的材料设计强度不足,在荷载作用下会产生应力裂缝;后填充起围护结构的非承重墙体,在墙体过长、过高时,未采取加强构造措施,而产生裂缝;门窗洞及预留洞口的四角处于应力集中区,未采取合理连接构造措施而产生裂缝。一层门窗洞口过大,在地基反力作用下,会产生窗下裂缝;墙面开槽、开洞安装管线、线盒及插座等,未提出细部处理要求,会出现裂缝;与水接触墙面未考虑防排水、泛水及滴水等构造措施,会引起浆溶开裂。

2. 温度应力裂缝

当温差变化大时,由于不同材料的温变膨胀系数不同,混凝土、黏土砖、空心砖、粉煤灰砖、加气砖等会出现不同的膨胀伸缩变化,可能导致温度应力裂缝的发生。这种现象一般发生在混合结构处,由非黏土砖(如空心砖、粉煤灰砖、加气砖等)材料组成的强度低的非结构性墙体等,混合结构出现的裂缝一般会稍大,而其他区域则相对较小。

3. 干缩裂缝

除黏土砖外的墙体材料如空心砖、粉煤灰砖、加气砖等,他们干燥后的收缩比例远比黏土砖墙收缩大,干缩会产生较大的应力,当这种应力比较强大,而水泥砂浆的强度不足、黏结力差或某些区域灰缝不饱满时,墙面就会出现裂缝。这种裂缝一般较为细小。

4. 砌筑施工质量造成裂缝

原因:半头砖集中砌筑或对非标准砌块随意砍凿砌凿砌筑;用不同块材混砌;使用龄期不足的砌块等。砌块上墙时含水率过高或雨期施工淋湿砌块,组砌方法不合理,未按规范规定砌筑或出现通缝,水平、竖缝厚不均且砂浆不饱满,砂浆和易性、保水性能差,日砌筑高度过大,及拉结筋留置数量不足或拉结不牢固;施工速度过快,此时砌体的强度尚未达到设计强度,且地基快速变形,土应力调整滞后,使地基土过早产生不均匀,导致在砌体内部已产生过大的初始应力和应变,形成潜在的裂缝因子,主体完工装修,进一步加载,裂缝因子发生作用,导致墙体开裂;砂浆强度不符合要求,如砂子含泥量较大,不均匀,不严格计量,配合比不准,甚至根本未采用施工现场材料进行试配,由实验室来确定配合比,仅依据某些资料提供的参考配合比施工;砂浆未充分搅拌,和易性差,操作时,饱满度不够,水平灰缝厚度不均匀,造成砌体强度下降;施工时,砖的泅水不足,水分过早被吸收,水泥水化反应不足;施工工艺错误,砌体施工缝处留直,甚至阴搓;砌体通缝,灰缝砂浆不饱满,含水率不当,脚手架设置不当,组砌不当等。

5. 因墙面抹灰造成裂缝

原因有:采用加气混凝土砌块砌筑时,抹灰砂浆未采用配套的专用砂浆;基层清洁不干净,在基层与面层中间形成隔离层,引起抹面砂浆空鼓开裂;抹灰一次成活,或分层抹灰无适当间隔时间,或抹灰面层厚度超过35mm未采取加强措施;对不同材料墙体交接处表面的抹灰,未采取防裂的加强措施;夏季施工抹灰后失水过快,冬季施工昼夜温差冻融使砂浆失去黏结力等。

(三)处理方法

(1)表面修补法:适用于相对宽度较小,不影响建筑安全使用的裂缝的处理。

(2)局部修复法:将开裂部位凿开,清理干净,并用水湿润,再用水泥砂浆或树脂砂浆等材料将裂缝填实。

(3)水泥灌浆法:水泥灌浆法分为压力灌浆和重力灌浆两种。

(4)钢筋拉结法:适用于墙体两面开裂的情况,在裂缝的两侧每间隔0.8m左右的地方将墙体凿开,加入钢筋进行拉结,并用水泥砂浆将裂缝填实。

(5)钢筋水泥夹板墙:适用于墙面裂缝较多,且墙体裂通情况。在墙体两面加钢筋网并用穿墙钢筋拉结固定后,在表面涂上水泥砂浆加固。

(6)增加钢筋混凝土构造柱:用于加强内外墙体的联系,提高墙体的承载能力或刚度。

(7)整体加固:当裂缝较宽且墙身变形明显,或内外拉结不良,并且只用灌浆等措施处理无法取得理想效果时,可设置拉杆,有时还设置封闭的预应力钢筋混凝土圈对墙体进行整体的加固处理。

(8)加固改变结构类型:常用于由荷载原因造成的裂缝,一般是将柱承重改为墙承重。

(9)转化裂缝:常用于外界温度变化引起的裂缝。当墙体上出现了随环境温度周期变化的裂缝,且使用充填等方法处理效果不好时,可将裂缝改为伸缩缝。

(10)表面加强法:墙体抹灰前,在不同材料交接处铺设钢丝网;抹灰时满铺玻纤网格布等。

砌体裂缝是在现实中难以避免的一种建设工程质量问题,只是有些小的裂缝我们看不见而已。因此,对于已经出现的墙体裂缝,我们也不必慌张,首先要仔细观察,找出裂缝的特点与基本规律,确定裂缝发生的具体原因。对于温差裂缝等一般不影响房屋使用安全的墙体裂缝,用砂浆堵抹即可;对于地基沉降裂缝等可能危及房屋结构安全,对人身造成威胁的墙体裂缝,则应做及时有效的加固处理或拆除重建。

二、盾构隧道结构故障分析及处理方法

(一)故障现象

常见盾构隧道病害有衬砌裂缝、管片错台、渗漏水、混凝土劣化、钢筋腐蚀、冻害等。

(二)故障原因分析

1. 衬砌裂缝

裂缝是混凝土结构最常见的病害(图4-2),很多混凝土结构在使用期间都是处于带裂缝工作状态中。裂缝对盾构隧道的影响首先体现在结构安全和耐久性上,其次表现在对使用功能的影响(如防水、防潮)。盾构隧道衬砌裂缝分为先期裂缝和后期扩展裂缝。先期裂缝产生的原因主要有管片浇筑施工不规范、拆模过早、混凝土养护不当等;后期扩展裂缝则多由盾壳集中力作用、千斤顶的不良顶力、管片错台和拼装间隙所致。

2. 管片错台

管片错台(图4-3)是指管片环之间产生高低错开或一环内管片块之间错开现象。管片错台不仅影响隧道净空,同时引起管片结构开裂破坏,也给隧道的防水带来隐患。管片发生错台的因素很多,如管片制造尺寸有误、拼装不当、注浆不均及盾构姿态控制等。

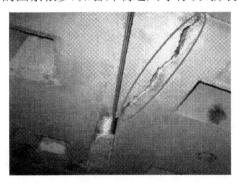

图4-2 盾构隧道管片裂缝

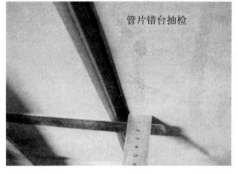

图4-3 管片错台

3. 渗漏水

渗漏水是软土隧道最主要的病害(图4-4)。对隧道的稳定、洞内设施、行车安全、地面建筑和隧道周围水环境产生诸多不良影响甚至威胁。盾构隧道渗漏水产生的原因很多,主要包括:管片自身质量缺陷、管片止水条脱落、管片衬背注浆不饱满、管片裂缝、管片拼装质量控制不严格、转弯环选型不准确、管片上浮或侧移等。

4. 管片腐蚀

土壤中所含氯盐和硫酸盐等有害物质会使钢筋锈蚀,使混凝土产生溶解性腐蚀和膨胀性腐蚀。软土和隧道内空气中的二氧化碳、一氧化碳等溶于水,渗入混凝土,造成混凝土的中性化。

5. 防水材料老化

盾构隧道结构防水由管片混凝土自防水、管片背面注浆、接缝防水三部分组成。管片自防水是根本,接缝防水是重点,管片背面同步注浆、补压浆是隧道防水的辅助措施。接头处注浆材料不密实或硬化脱落,橡胶止水条和密封垫材料老化是隧道渗漏水的主要隐患。

图4-4 盾构隧道管片渗漏水

6. 冻害

在寒冷地区或严寒地区的隧道,因寒冷环境的冻融作用而引起的衬砌冻胀开裂、酥碎、剥落、渗漏水、积水、挂冰、结冰等是影响隧道功能正常使用的病害现象。在寒区隧道,冻害是衬砌劣化的最主要原因。

(三)处理方法

1. 故障处理原则

隧道病害防治与控制的指导性原则是"预防为主""早期发现""及时维护"和"对症下药",具体常用的治理措施如下:

(1)应加强隧道的日常监护,避免附加的加、卸载等特殊荷载对运营隧道结构造成的突发损伤,确保隧道运营安全。

(2)应加强隧道的日常养护,减少隧道渗漏水等情况,降低长期作用导致的隧道结构损伤。

(3)应定期或实时对隧道结构进行检测、监测和评估,对隧道结构状态进行诊断,确保隧道结构安全。

2. 故障处理方法

既有隧道具体的病(灾)害控制技术和手段主要有:

(1)隧道水害:适当疏导;注浆堵水;增设内防水层。

(2)衬砌裂损:表面清扫、凿除、嵌缝及开裂压浆;衬砌补强;稳定地板;局部改建。

(3)衬砌腐蚀:采用耐侵蚀硅;采用耐腐蚀防水材料做隔离防水层;衬砌背后压注防腐蚀浆液;加强排水措施;补强衬砌。

(4)隧道震害:提供设计抗震等级,完善抗震措施;加固已有隧道;补强隧道衬砌。
(5)隧道火灾:隧道建筑自身防火;运营防火,建立检测报警系统。

三、明暗挖隧道结构故障分析及处理方法

(一)隧道涌水、涌泥、涌砂

隧道日涌水量上万立方米的大型涌水(突水)灾害多发生在岩溶地质带,断层破碎带、节理裂隙密集带也时有发生。中国有 30 余座穿越岩溶地质带的长隧道(隧道长 3~10km),尤其是在西南、中南岩溶发达的地区,铁路长隧道的修建和运营过程中,很难避免岩溶涌水、涌泥、涌砂等严重灾害,以致造成施工坑道、机具或运营线路被掩埋,使正常施工及铁路运营为之中断。

1. 涌水岩溶长隧道涌(突)水现象

(1)涌水量大,水压高。襄渝线大巴山隧道最大日涌水量,施工期间为 206000m^3;运营期间,旱季为 15000m^3,雨季为 27000m^3;盘西支线平关隧道施工期间,最大日涌水量为 108600m^3;运营期间,旱季为 200 m^3,雨季为 7500 m^3。贵昆线梅花山隧道曾因雨季暗河水位暴涨而导致洞内高压射水,边墙倒塌,中断行车 7 天。

(2)突发性强,涌水点集中。

(3)涌水量变化极不稳定,受降雨影响明显。

(4)涌水往往同时涌砂。

2. 涌泥涌砂的特征与危害

涌泥较之单纯涌水危害性更大。衡广复线大瑶山隧道,施工期间涌水造成竖井被淹,运营后也曾多次发生涌水、涌泥、涌砂灾害中断行车。

涌砂主要是指涌水携带泥沙物质量大于 10% 并以含砂为主的涌水灾害,贵昆线倮纳隧道,曾因连降大雨地下水压过大,隧底压裂鼓起冒砂掩埋隧道 30 余米,厚度达 1m 多,导致运营中断。

3. 处理方法

注浆堵水;截流盲沟、截水墙、截水洞截水;潜孔排水,泄水洞及平行导坑排水;高压注浆及化学注浆等涌泥处理技术;以及加强隧道衬砌结构,使其能承受高水压的作用等。

隧道水害的防治工作,重点应放在勘测、设计、施工阶段,特别是施工中要尽力处理水患,若留给运营时处理将很难整治。

(二)隧道冻害防治

1. 隧道冻害现象

中国冻土地带分布在高纬度的东北大小兴安岭、高海拔的青藏高原及新疆天山地区。

修建于冻土地区的隧道,由于气候严寒,易造成隧道冻害。隧道冻害是寒冷地区（最冷月平均气温 -5℃）和严寒地区（-15℃以下）的隧道内水流和围岩积水冻结,引起隧道拱部挂冰、边墙结冰、洞内网线设备挂冰、围岩冻胀、衬砌胀裂、隧底冰锥、线路冻起等,影响安全运营和建筑物的正常使用。通常在隧道洞口附近较为严重。

2. 隧道防冻的具体措施

（1）在严寒地区应设置深埋渗水沟、防寒泄水洞,在寒冷地区应设置浅埋保温侧沟。

（2）加强衬砌结构,如采用防水混凝土曲墙加仰拱衬砌、防水钢筋混凝土衬砌、网喷混凝土加固,应加设抗冻胀锚杆增大衬砌抵抗侧压力的能力。

（3）改良土壤,压浆固结岩石土（消除冻胀性）,细粒土更换为粗粒土或保温隔热层（换土厚为冻深 1.0 倍以上）。

（4）保温防冻解冻,如在衬砌与围岩间加设保温层（加气混凝土等）,洞口设防寒帘幕（可用厚帆布缝成帘幕,与信号机联锁,自动开闭,为安全计备有手动开闭,以保持长隧道中部气温有效果）,排水沟采暖防冻（在洞口段上下层水沟间铺设暖气管道冬季供热）,泄水洞夏季通热风解冻（机械送热风融化泄水洞内结冰）。

（5）其他防冰措施（作为临时紧急处理:采用电热防冻,红外线融冰,向侧沟注投氯化钠、氯化钙等降低水的冰点防冻）,牙林线岭顶隧道是中国第一座穿越多年冻土层的隧道。该隧道地处北纬 51°大兴安岭地区,全长 937m,该地区最低气温达 -50℃,年平均气温为 -6.7℃（1966 年）,于 1961 年建成,当年就发现隧道严重冻害。其原因主要是隧道未设防寒排水系统。后采取在隧道下方修建泄水洞的整治方案（泄水洞断面 2m×2m,全长 720m,隧底至泄水洞底为 5.5m）,同时还采取了其他防冰冻措施,根治了该隧道冻害。在最北的漠河地区,嫩林线罗奇 2 号隧道,全长 1160m,1970 年交付运营,在隧道底板下 5.85m 处设防寒纵向中心泄水洞,虽泄水洞常年不冻,但由于衬砌背后的竖向盲沟（不保温防冻）等与泄水洞的联系通道没做好,致使衬砌背后及隧道底板下的积水不能流入泄水洞,以致积水冬季结冰造成道床冻胀,衬砌开裂、错牙、掉块日趋严重,运营数年终因衬砌溃塌,造成大塌方中断行车 16 天的严重灾害。但该隧道冻害的整治工作,历经 10 年艰辛,终获得成功。

（三）隧道衬砌腐蚀防治

为防止隧道衬砌受侵蚀作用而产生腐蚀病害,应采取一定的防治措施。具体如下。

1. 衬砌腐蚀病害现象

（1）衬砌遭受物理性侵蚀:冻融交替部位的冻胀性裂损;干湿交替部位的盐类结晶性胀裂损坏。

（2）衬砌遭受化学性腐蚀:硫酸盐侵蚀、镁盐侵蚀、软水溶出性侵蚀、碳酸性侵蚀、一般酸性侵蚀（依硫酸根离子、镁离子、碳酸根离子,按 pH 值的大小,分为弱、中、强侵蚀）。危害衬砌冻胀性裂损和内部化学变化结晶产生物理性的胀裂破坏,以及化学性腐蚀使衬砌疏松剥落,以致结构强度及承载能力降低。

2. 病害原因

衬砌腐蚀与地下水流经地层的岩性及所含侵蚀性离子有关。隧道衬砌背后或仰拱、铺底下的环境水,容易沿衬砌混凝土的毛细孔、工作缝、变形缝及其他孔洞渗流到衬砌内侧,形成隧道渗漏水。在某些环境地质条件下,溶解于环境水中的一些侵蚀性介质,对衬砌混凝土和砌石、灰缝产生物理性或化学性的侵蚀作用而形成腐蚀病害。

3. 衬砌腐蚀病害的防治

病害防治首先要查明环境水含侵蚀介质的来源和成分,在正确判定其对衬砌侵蚀程度的基础上,因地制宜采取防治措施。

(1) 首先要改善隧道防排水系统及设备增、改建洞内排水沟、槽,钻孔降排衬砌背后地下水。

(2) 提高衬砌的防水防侵蚀能力,综合考虑衬砌加固(如拱背压浆,喷射混凝土补强堵漏,设内外贴式防水层作为防蚀层,除水泥外,尚可采用阳离子乳化沥青乳胶、EM-海泊沥青乳胶)。

(3) 提高衬砌的密实度和整体性是最主要的预防腐蚀措施,如采用防腐蚀混凝土,或以防水砂浆砌筑不受侵蚀的石料作衬砌(除严格控制水灰比用水量外,应优选石料级配掺合减水剂、引气剂,采用机械拌和和机械振捣)。

(4) 针对环境水侵蚀性介质不同,合理选用相应的抗侵蚀性较好的水泥(采用低碱高抗硫酸盐水泥、双快水泥最为合适)。中国西南、西北地区,不少隧道地下水中一些侵蚀性介质的浓度超标。焦枝线红沙溪隧道直穿富含黄铁矿地层。黄铁矿在地表降水和地下水的溶解作用和氧化作用下,形成酸性侵蚀性水。运营不久,拱部混凝土开始腐蚀剥落后,发展到掉块危及运营安全,而不得不采用钢拱架支护以维持行车。之后,结合治水降低地下水酸性的方法进行综合治理。对严重腐蚀地段,先凿除已腐蚀的混凝土,然后用锚杆挂网喷射混凝土或环氧树脂砂浆及其他耐蚀防渗材料补强。兰新线坡底隧道,运营数年后因受地下水硫酸根离子侵蚀,仰拱酥裂陷塌,边墙基础混凝土成为灰色稠浆状,淤泥外冒乃至淹没道床,迫使列车慢行。整治时采用了一种抗化学腐蚀(主要是指抗硫酸盐、氯盐)、黏结性能良好的复合高分子砂浆,保证仰拱防腐蚀砂浆层与隧道基础及边墙之间的有效黏结,阻止山体地下水从基岩缝隙渗出而浸泡腐蚀仰拱,整治效果良好。

(四)隧道洞口病害防治

1. 隧道洞口病害的现象

隧道洞口病害及原因洞口病害主要发生在山区铁路隧道进出口附近仰坡、路堑边坡及自然山坡上,其常见病害有崩塌、落石、滑坡、流泥漫道、洞口路基冲毁及洞门各种病害等。

2. 隧道洞口病害原因

产生洞口病害最主要的原因,多为设计不当或施工质量不良。

(1) 隧道晚进早出。新建铁路为节约投资,缩短隧道长度,进出口处深堑高坡,切割山体被脚,山体失去平衡,这是造成山区铁路隧道洞口病害的根本原因。

(2)隧道洞口工程地质及水文地质较差,山体覆盖层薄,岩质松软,挡墙基础未落到完整的基岩上;或隧道洞口排水不良,基底土壤浸水软化,造成基础承压能力不足,致使洞门及洞口段衬砌下沉开裂。

(3)明洞结构设计不当,抗滑力不足。隧道洞口地段有滑坡、崩塌时,山体偏压大,易使洞门及洞口段衬砌开裂下沉。

(4)在仰坡及自然山坡上,开荒种地,水土流失严重,堵塞洞口排水设备,经常造成山坡坍塌、流石流泥等洞口病害。

(5)隧道与小桥涵常紧密相连,桥涵设计孔径不足,洪水倒灌隧道,造成隧道内线路翻浆冒泥严重。

(6)对隧道洞口地段病害性质认识不足,整治不彻底,造成一座隧道向外接长多次。

3. 洞口病害的防治措施

(1)在山区铁路修建隧道,设计应坚持"早进晚出"的方针,不给运营维修部门留下隐患。

(2)在山区铁路峡谷地段,经常发生崩塌、落石、滑坡等不良地质现象时,线路不宜修建短隧道群通过,应该将线路内移,选用长隧道方案。

(3)线路跨越自然沟谷时,切莫并沟减涵,宜桥不宜涵。在桥隧相连,两座隧道相距较近时,不宜留槽口,应采用明洞上设渡槽连接,让落石或山沟泥石流从洞顶通过。严禁在禁耕区和铁路地界内开荒种地,破坏植被。

4. 隧道洞门病害

隧道洞门病害是隧道洞口病害的一种,隧道洞门是支挡进出口正面仰坡及路堑边坡,连接洞内衬砌,拦截和排导仰坡水流和小量土石,防护洞门线路和保证行车安全的建筑物。其病害原因及防治措施见表4-1。

隧道洞门病害及防治措施 表4-1

顺序	洞门病害类型	产生原因	防治措施
1	端墙前倾,洞口段衬砌拱墙环向裂开	①仰坡山体坍滑; ②端墙后岩土冻胀	①清除坍滑土体,必要时修建支挡工程稳定仰坡; ②更换墙后冻胀土,并加强排水
2	端墙及洞口段衬砌纵裂	洞口段为土质地基,地表水下渗软化基底,衬砌下沉	①加固地基,如压浆; ②封闭地表面,防止地表水下渗; ③网喷加固裂损衬砌
3	崩塌落石	隧道洞口在陡峻的山坡下,危石多	①修建支挡墙或喷锚加固危岩; ②接长明洞防护
4	洪水或泥石流淹埋洞口	洞口附近有泥石流沟通过,无可靠防护措施	①修建拦挡和排导工程; ②接长明洞防护
5	斜交洞口衬砌压裂	山体两侧不均匀围岩压力挤压	①斜交洞口衬砌加固; ②改斜交为正交洞口

四、桥梁结构故障分析及处理方法

为了适应城市轨道交通桥梁建筑物技术标准的不断提高,外部环境的不断变化,增强与提高桥梁检修工作人员的判断能力和病害处理能力很有必要。

为确保桥梁满足按规定的要求安全运营,需要进行必要的养护维修。同时通过合理的大修理及加固技术处理来适应条件的变化需求。桥梁结构故障分析及处理方法具体如下:

(一)故障现象

1. 桥梁应确保安全、完整、适用与耐久性

桥梁设备在不同的环境中,存在不同种类的病害。如空气污染,脏污物积聚等均能使桥梁结构腐蚀,混凝土碳化。通航河道中的活动吊篮、吊篮跑道,固定检查吊篮缺失、破损;锥体护坡坍塌;八字墙倾斜;立交桥的梁底,框架桥顶板底部被超限车辆撞损,主筋撞断;人行道步板露筋,混凝土疏松;预应力梁的大量裂纹;框架桥的排水系统断裂冒泥浆;钢支座吊空,支座板移位;横隔板断裂,泄水管堵塞,脱落等。

以上这些病害均是在工作中常见的,病害的存在使桥梁失去适用性与耐久性,故所有此类病害均应在维修工作中予以及时处理。小病小修可预防病害的扩大,很多病害因得不到及时处理而导致病害积累、扩大,以致发现后亟须抢修,对安全带来较大的威胁,同时也增大了修理成本。

2. 正确掌握设备基本资料

正确掌握设备基本资料是养护维修管理、治理病害的必要条件。桥梁使用年限较长,如同人生一样有一个完整的履历表。即有关桥梁设计文件、施工记录、竣工文件以及各种检测文件,河道的变迁、结构的变化、修理记录等均应反映在技术档案中。历史较久远、资料不全的应尽可能采用不同手段予以补充完善。正确的设备资料为桥梁的安全运营、病害的分析、修理加固创造了有利条件。

3. 及时发现桥梁病害,正确处理确保安全

桥梁病害的发生是多种多样的,但绝大多数在我们平时的检查中能及时发现。如果我们严格按照《铁路桥隧建筑物大修维修规则》的标准要求去做,基本可以满足正常的管理工作。检查工作应分清重点检查与一般检查,对重点桥梁、重点部位、复杂结构应有侧重。影响桥梁使用状态的应特别关注(如河道开挖、水系条件变化、临近营业线施工、筑路筑坝、汛前汛后等)。检查方法应正确,特别是全桥性的病害,应建立整体性的测量体系,正确的检查方法将是提供分析与处理病害的重要依据。

病害发生后正确的处理措施是确保安全的前提条件,学会正确判断、采取合理的加固措施是非常复杂的课题,必须通过不断积累、不断学习、不断总结,来提高我们的业务水平。

(二)故障原因分析

1. 桥梁的倾斜、沉降

（1）如图4-5所示，主要表现：

①梁缝顶死，梁与梁之间梁缝缩小或顶死；

②支座锚螺栓剪断；

③支座上下摆脱开，摇轴支座倾角超标，橡胶支座移出支座垫石；

④梁与梁形成折线，线梁偏心不一致；

⑤同类梁式桥支撑垫石顶高程差异较大。

图4-5 桥梁沉降、倾斜

（2）原因分析：

①河床断面发生较大的改变；

②汛期局部冲刷切割；

③桥下修路、筑坝；

④施工未按设计要求。

（3）主要危害：直接危及行车安全。

2. 盖板涵、涵洞的不均匀沉降

（1）主要表现：

①涵管错节，漏土；

②盖板涵侧墙外鼓，漏泥浆；

③侧墙顶混凝土系梁断裂；

④钢筋混凝土盖板错位，开裂；

⑤两侧路基有空洞。

（2）原因分析：

①地质承载力不足；

②结构已破坏；

③施工质量差。

3. 框架桥的不均匀沉降、倾斜
（1）主要表现：
①框架桥顶部四角点高程差异较大；
②左右倾斜，前后倾斜。
（2）原因分析：
①地质承载力不足；
②排水系统破损，地基土流失；
③附近施工影响；
④地形、地貌改变。

4. 八字翼墙的不均匀沉降、倾斜
（1）主要表现：
①墙身倾斜；
②墙身折裂；
③墙身移动。
（2）原因分析：
①地质承载力不足；
②设计缺陷；
③墙身无泄水孔；
④墙后填方材质使用错误；
⑤墙趾冲空。

5. 车辆、船舶撞击造成的危害
（1）主要表现：
①梁底混凝土脱落、露筋；
②梁底部分主筋拉断；
③梁身裂缝。
（2）原因分析：
①普通混凝土梁梁底主筋折断面积大于主筋总面积的5%时，必须立刻采取及时的加固措施；
②梁身裂缝已通过梁高1/2时，必须立刻采取及时的加固措施；
③预应力梁中预应力筋保护套暴露时，必须立刻采取及时的加固措施。

（三）处理方法

桥梁病害的原因多种多样，普通意义上讲有深层次原因，也有不该发生可以避免的原因。病害发生后的处理方式、方法是一个相当复杂的问题。通常来说，对桥梁整体性的病

害、结构破坏性的病害处理时,必须进行科学检定、判断。经过严密的检算核实,比选合理的技术加固方案、完整的技术设计、优良的施工方法方能解决。

桥梁技术加固处理牵涉面太广,因每座桥梁的病害原因、地形地貌、地质水文、桥跨形式、原始技术条件、施工方法等不能一概而论。原则上一座桥就是一个特例,需根据具体情况,具体分析。

无论是平时检查中,或者在突发事件发生后,凡是判断为桥梁已不能满足使用条件,存在结构破坏性病害时应立即采取应急措施。原则上应将故障处理导向确保安全方向。在自身无能力处理时应及时汇报,同时采用限速措施直至封锁线路。根据病害种类的不同,处理方法主要如下:

1. 倾斜、沉降

(1)扩大基础

①提高地基承载力:主要采用地基压密注浆、深层搅拌桩、高压旋喷桩、微形桩等。

②减小基底应力:采用扩大墩台基础底面积的方法。

③增加基础的整体性:采用墩台基础间增设纵向支撑方法。

(2)桩基础

①提高桩群刚度:墩、台基础增加桩群数量,通过承台连接增强桩群的刚度。

②桥台减载水平力:在高路堤条件下,可在台后增设一框构体减少台后的水平力;台后一定范围内进行地基加固,原则上加固体应满足平衡滑弧面驱动力。

(3)恢复使用功能

根据桥梁实际情况,有关线梁偏心程度、各梁间梁位安排、支座调整位置等条件综合考虑布置方法,原则上能满足梁的使用功能即可。

①恢复梁缝:将桥台端墙采用链锯进行切割留出空间,调整梁缝。

②恢复支座:支座全部更换;

③调整线梁位置:移梁。

2. 车辆、船舶撞击的危害处理

(1)钢筋混凝土梁

①临时支撑:采用钢排架、枕木垛对梁底临时支撑;支点采用硬木垫实即可,支点距断点与梁高相等。

②支座脱落:采用与梁底等宽的硬破杂木抄垫,尽可能靠近支座。

③更换钢筋混凝土梁。

(2)钢桁梁主桁下弦

①限速;

②由专业人员指导进行加固。

(3)框构桥(顶板、侧墙贯通裂缝)

①临时支撑:采用钢排架墩、枕木垛对跨中板底临时支撑,板底面全部密铺顶实。

②框架补强:在无活载条件下采用补筋、粘贴钢板、结构改造等方法恢复功能。

3. 框架桥、涵洞、八字翼墙的倾斜、沉降

（1）框架桥

①提高地基承载力:对箱底采用封闭式地基压密注浆。

②改善外部环境:

a. 恢复破损排水系统;

b. 采用强止式止水带恢复沉降缝功能;

c. 对框构桥台后路基空洞填实。

（2）涵洞

①内套钢管:在错口不严重,且能满足灌溉、排水要求条件下可行。

②重建:一般情况下在旁边新建一座涵洞,封闭原涵的方案,比在原位拆除重建要合理经济得多。

（3）盖板涵

①重建:边墙下沉开裂、外鼓漏浆、墙顶系梁断裂的情况下,必须拆除重建。

②钢构内衬:病害不严重的情况下采用钢结构骨架与原结构连接支撑,钢筋网混凝土封闭的方法加固。

③更换盖板:盖板有裂纹必须更换并重做板顶防水层。

（4）八字翼墙

①土锚加固:翼墙倾斜趋势未稳定采用土锚拔力平衡土压水平力。

② U 形槽:跨度小于 5m,且无交通通行时较方便。

③抗滑桩减载:在八字翼墙后部加设挖孔桩,分担墙后土压力。

④恢复泄水孔:有条件时应尽可能恢复泄水孔功能。

五、车辆段、停车场结构故障分析及处理方法

（一）故障现象

1. 屋面故障

屋面部分的隐患主要包含以下几方面,比如,屋顶积灰太多以至于超过了可以承载的压力、大型屋顶的面板发生裂缝、屋顶防水层老化、屋顶天沟发生锈蚀或破损等,以及屋面漏雨、钢屋顶架脱焊、屋顶卸灰斗被堵塞、钢筋雨遮破损、连接板安装螺钉松动、脱落等均是工业厂房屋顶处的常见隐患。如图 4-6、图 4-7 所示。

2. 墙体故障

墙体处隐患一般包括墙体裂缝、气楼挡风板受损、玻璃钢挡雨片受损、墙皮骨架柱变形、挡水板破损或脱落、落水管破损、墙体渗水等。

a）整体　　　　　　　　b）细部

图4-6　车辆段库顶板材开裂

图4-7　车辆段库顶板材脱落

3. 吊车梁故障

吊车梁的隐患，即吊车梁的损坏现象。比如吊车梁发生破损、露筋、轨道螺钉破损等现象，又如钢制吊车梁的发生变形、锈蚀以及脱焊等现象。

4. 立柱故障

立柱的隐患指立柱麻面或发生撞损、露筋、锈蚀等现象。

（二）故障原因分析

1. 屋面故障原因分析

屋面积灰过重未及时铲除，导致屋顶面板承受力过大，甚至超出自身承受极限，进而造成屋顶面板发生裂纹；防水层已经超过了使用期限却未及时更换，天沟积渣未能及时清理，导致天沟溢水造成漏雨；屋面散水坡度太小，而坑洼过大造成积水漏雨；抑或是钢屋架未按规定刷漆导致发生腐蚀等。

2. 墙体故障原因分析

由于墙体不均匀导致沉降,进而生成裂缝;或因所用材料不同导致收缩不同;另因为风吹、震动等外界因素造成挡风玻璃受损;落水管锈蚀或破损造成渗水、漏雨等。

3. 吊车梁故障原因分析

施工质量的差别是导致吊车梁漏筋钢筋保护层垫块位移、钢筋与模块过紧,以及保护层振捣不实或漏振的主要原因,除此原因外,磨损的原因主要有以下三种:

(1)强度不够,表层细集料过多;

(2)钢轨松动致使行车行走时反复跳动导致损磨;

(3)由于外界的撞损等导致钢结构吊车梁部分筋板脱焊变形。

4. 立柱故障原因分析

钢筋立柱的隐患主要是因为外界车辆撞击、吊物或者其他坚硬的物体所撞击;或是原有施工时出现的质量问题,如灌筑时缺乏应有的振捣,支模时模版的缝隙不严,水泥砂浆发生流失导致的蜂窝现象,以及运输过程中损伤导致的厂房立柱隐患。

5. 走台及楼梯故障原因分析

走台及楼梯由于长期未做防腐处理而造成踏面锈蚀穿孔,栏杆锈蚀脱焊造成栏杆松动,形成安全隐患,以及避雷接地的线脱焊锈蚀造成失效。

(三)处理方法

1. 屋面故障处理方法

鉴于上述屋顶隐患,应对屋顶积灰进行定期清理,经常疏通卸灰斗,以保证其在规定承载范围之内。此外,应定期对厂房屋顶盖进行检查,若发现脱焊、连接螺钉松动等情况应及时进行对应处理(图4-8)。

2. 墙体故障处理方法

对上述隐患,应及时修补墙体裂缝,及时更换受损的落水管、挡风玻璃或侧挡风板,对墙皮骨架柱变形则应在修复后重新砌制墙体。

3. 吊车梁故障处理方法

为此,应将松动的保护层刨除,同时对钢筋锈迹进行清洗,另需根据损坏面积的大小采取不同的维修对策,若面积不大则可采用环氧砂浆进行修补,若损坏面积过大,则应喷射高强度等级水泥砂浆进行修补。若螺钉孔发生破损,可重新开孔,或取出原有损坏的钢套件,将松动破损处刨除,再对局部进行环氧砂浆修补。

图4-8 车辆段库房屋面修复现场

若吊车梁脱焊则采用筋板补焊,对变形的超标吊车梁可采用局部或整段更换的维修对策。

4. 立柱故障处理方法

对此,可将厂房钢筋立柱的保护层凿除,待重新植筋后再做加固处理。若是表面麻面的,则应把麻面凿除再用环氧砂浆进行修补,总之,钢结构立柱主要是除锈刷漆,若变形量大于15%,则应对立柱进行整体更换。

5. 走台及楼梯故障处理方法

对此,平时应经常地对走台栏杆除锈刷漆,且应时常更换锈蚀穿孔的踏面板,将脱焊的栏杆及接地线补焊,如此才能防患于未然。

第二节 渗漏水故障分析及处理方法

一、结构渗漏水故障分析及处理方法

城市轨道交通地铁建筑属于大规模地下结构工程,人流量大、运营设备多,对防水要求标准极高,而结构渗漏水是地铁建筑结构的一项常见故障,对城市轨道交通车站的运营和维护危害很大。

(一)故障现象

主体结构渗漏水常见于混凝土裂缝、蜂窝或施工缝、变形缝、穿墙管等部位。

(二)故障原因分析

在城市轨道交通车站中,故障原因主要体现有以下几个方面:
(1)由基础沉降、结构伸缩等原因引起的混凝土结构裂纹。
(2)防水层破坏或原施工不当。
(3)混凝土不密实,有过多的气泡眼和蜂窝。
(4)其他施工引起的人为破坏等。

(三)处理方法

1. 处理方案与原则

(1)查清渗漏原因,找出水源和渗漏部位,根据漏水点的位置制订堵漏方案。漏水量较大或比较明显的渗漏部位,可直接观察确定。慢渗或不明显的渗漏水,可将潮湿表面擦干,均匀撒一薄层干水泥粉,出现湿痕处,即为渗漏水孔眼或缝隙。出现潮湿一片的现象时,可用速凝水泥胶浆(水泥:促凝剂=1:1)在漏水处表面均匀涂抹一薄层,再撒一层干水泥粉,

表面出现湿点或湿线处,即为渗漏水部位。

(2)堵漏的原则是先把大漏变小漏,缝漏变点漏,片漏变孔漏,逐步缩小渗漏水范围,最后堵住漏水。堵漏施工按顺序先堵大漏、后堵小漏;先高处、后低处;先墙身、后底板。

(3)堵漏施工时,应避免破坏结构和完好的防水层。对结构性裂缝的渗漏水,在结构处于稳定、裂缝不再继续扩展的情况下进行堵漏施工。

2. **维修渗漏常用材料**

(1)防水混凝土,其配合比应通过检验确定,抗渗标号高于原防水设计要求。掺加的外加剂宜采用防水剂、减水剂、加气剂及膨胀剂等。这种材料一般用来候补较大的渗漏水位置。

(2)具有良好的弹塑性、黏结性、抗渗透性、耐腐蚀性及施工性能的防水卷材、防水涂料及密封材料。

(3)具有抗渗性高、黏合力强、耐久性好及可灌性良好的注浆材料。

3. **注浆堵漏的具体步骤**

(1)找到大体的渗漏水位置后,渗漏的墙面、地面堵漏部位有松散石子、浮浆等应清除,堵漏部位的基层必须牢固,应用水冲刷干净。

(2)在渗漏部位两侧打斜孔,将注浆嘴用速凝水泥固定在渗漏水的具体位置或接近渗漏水的位置,并在合适位置打出气孔;待水泥完全凝固达到一定强度后,再用注浆机进行注浆(图4-9)。

(3)注浆前对注浆系统全面细致地检查一遍。检查注浆阀、管及压力表等器件的接头部分是否牢固、扎头是否拧紧等。注浆时应严格注意注浆压力、流量、时间等参数,力求一次成功,对有些吃浆量大的部位可采用间歇注浆的方法。

(4)注浆时在各接缝处可能出现跑浆、冒浆现象,这种情况属于封闭不严所致。此时应停止注浆,封闭严以后再注浆。注浆时有时压力突然上升,这种是假压力,是由于局部暂时堵塞所致。随着高压力的进入堵塞物会被冲开,压力会下降属正常现象。

图4-9 高压注浆堵漏

二、区间隧道渗漏水故障分析及处理方法

隧道漏水,按其发生的部位和流量分为:拱部有渗水、滴水、漏水成线和成股射流四种;边墙有渗水、淌水两种。按水源补给情况分为:地下水(流量四季变化不大)补给和地表水(流量随四季变化)补给。隧道漏水会恶化洞内养护环境,影响一些技术设备的正常使用。

(一)隧道渗漏水的现象

(1)在电力牵引区段,拱部漏水,会造成接触网跳闸、放电漏电,影响安全运营,造成人身伤害。

(2)在寒冷和严寒地区,隧道漏水会造成边墙结冰、拱部挂冰,侵入限界,影响隧道正常使用。还会造成衬砌冻胀裂损和洞内线路冻胀起伏不平等病害。

(3)在洞内线路排水不良地段,造成土质和软岩地基的基床翻浆冒泥,整体道床下沉裂损病害,导致过床不稳固线路轨距水平变形超限,影响运输及安全,增加养护维修工作量。

(4)洞内漏水潮湿,降低轮轨黏着力,加速钢轨扣件和管线的锈蚀,加速木枕和胶垫腐朽,缩短线路设备使用寿命。

(5)一些隧道,环境水中含有侵蚀性介质,造成衬砌混凝土和砂浆腐蚀损坏,降低衬砌的支承能力,增加大维修费用。

(6)少数隧道暴雨后隧道衬砌或铺底破损涌水,淹没轨道,冲空道床,危害更严重。

图4-10为隧道渗漏水现象。

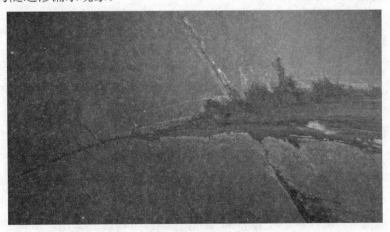

图4-10 隧道渗漏水

(二)隧道渗漏水原因分析

(1)盾构隧道渗漏水产生的原因很多,主要包括:管片自身质量缺陷、管片止水条脱落、管片衬背注浆不饱满、管片裂缝、管片拼装质量控制不严格、转弯环选型不准确、管片上浮或

侧移等。

（2）矿山法隧道渗漏水产生的原因主要如下：

①自然因素：隧道穿越断层破碎带、裂隙发育带、土石结合部等不良地质，由于其裂隙较发育，岩体渗透性较强，造成衬砌局部水压力过大，从而在衬砌裂缝处形成渗漏。

②地下水渗流场发生改变：隧道的开挖使地下水渗流场发生了改变，隧道周边的地下水集中向隧道方向排泄。由于隧道的开挖，在原有地层中形成了一个"空洞"，破坏了原地下水的平衡状态，形成了地下水的低压力区，改变了地下水的地下径流方向，向着开挖后的隧道方向汇集，为渗漏的发生提供了"水源"。

③隧道防排水设计存在漏洞、防水材料选择失当：长期以来，人们对隧道渗漏水的危害性认识不足，因此在隧道设计上存在重结构、轻防水的倾向。

④隧道施工质量控制不佳：防水混凝土未达到预期的防水效果、防水材料形同虚设、隧道基底处理不到位、塑料防水板铺设不尽人意、未能有效排除衬砌背后的积水等。

（3）明挖区间隧道的渗漏水：虽然明挖隧道一般采用全包防水，但受现场条件限制，防水材料受风吹日晒雨淋，时间久了易发生老化；受混凝土残渣、钢筋头、模板、支架等的撞击易产生破损；现场施工不注意也容易造成损害或者防水材料焊接缝没有焊牢等原因影响，水就容易侵入防水材料，直接与混凝土接触，而自防水的混凝土又受以下原因影响，导致形成渗水通道。

（三）隧道渗漏水的防治方法

1. 盾构隧道渗漏水处理方法

针对出现的漏水形式分别采用以下措施进行堵漏。

（1）二次补浆

对存在漏水的管片首先进行二次补浆，二次补浆能够在根本上堵住渗水通道二次补浆首先采用单液浆，注浆压力控制在 0.4～0.5MPa，注浆量以能注入为准。观察堵漏效果，效果不明显后注双液浆，注浆压力可以稍微提高。

（2）环纵缝注浆堵漏

①当二次补浆后环纵缝仍然存在漏水时，采用注浆进行封堵。注浆措施如下：对环向缝和纵向缝全部采用快干高强度砂浆（含环氧类成分）封闭，为后面灌浆做准备，封闭的时候向内凹进去 1～2cm 深的弧形；再在漏水缝上垂直钻孔到止水条处，钻孔间距每米 2～3 个，同时装上专用注浆嘴，用高压灌浆设备向接缝内灌浆，浆料优先采用环氧树脂，灌浆压力控制在 4MPa 左右，以压满整个接缝为准。

②管片紧固螺丝孔渗漏。清理干净螺栓孔表面的污染物，找出渗漏的位置，用电钻斜向钻孔，确保钻孔和螺栓孔相通，用快干高强砂浆封闭螺栓孔的根部，钻孔处装上专用注浆嘴，用高压灌浆设备向钻孔内灌浆，浆料优先采用环氧树脂，灌浆压力控制在 4MPa 左右，以压满整个螺栓孔为准。注浆起到堵漏作用的同时又对螺栓有锚固和防腐作用。

2. 地铁矿山隧道渗漏水处理方法

地铁矿山法区间隧道的渗漏主要为点渗、面渗、施工缝渗漏、裂缝渗漏和变形缝渗漏。不同的渗漏情况有不同的处理方法。一般采用干抹布拭干表面，稍等片刻即可直观地观察到渗水点，确定渗漏部位。如湿面不易看出，可采用热风吹干后观察。面渗、施工缝、裂缝和变形缝的渗漏水虽然需全面处理，但仍需通过上述办法了解渗漏情况，如：渗漏速度、渗水量、渗水点分布和渗水压力等。

(1) 点渗漏处理方法

点渗漏的现象可分为点或小于5cm的裂缝。在该点或裂缝中心钻孔，孔径为10mm、深6cm，用高压清水冲洗后注浆。注浆管嘴离孔底要留有一定的间隙，孔口与注浆管采用堵漏粉固定，两侧裂缝也同样采用堵漏粉封堵，若效果不佳再进行凿槽处理。

(2) 面渗漏处理方法

面渗由点渗密集而成。如直径小于5cm的面积，首道工序可按点渗处理，然后在渗水面内凿深3cm，清洗后涂刷堵漏粉，使基面干燥并涂刷双组分聚氨酯涂料，最后用防水砂浆封闭。如面渗面积大于5cm，则深凿基面6cm，清刷暴露钢筋，环向稍加深2cm，以利止水。

(3) 裂缝及施工缝渗漏处理方法

工艺流程：钻注浆孔→凿U形槽→清理基面→冲洗注浆孔→嵌入注浆管→堵漏粉封面→注浆→封闭注浆管→基面恢复。

3. 地铁明挖隧道渗漏水处理方法

(1) 混凝土表面一般渗漏

一般渗漏宜采用衬砌内（背水面）注浆，根据渗漏水情况进行钻孔布置，孔径为14mm，孔深10~15cm，一般注浆压力应小于0.5MPa，对渗漏水位应做凿槽处理，当渗漏部位比较干燥，只有极少量渗漏水时，使用EAA高渗透清水性固结环氧材料。注浆时应根据裂缝是否规则区别对待。裂缝规则时，当缝宽小于0.3mm时，布嘴间距为20cm、缝宽大于0.3mm时，间距为30cm；裂缝不规则时，则应在不规则裂缝的交叉点及端部布置注浆嘴。施工缝或结构出现裂纹导致渗漏水时的处理方法与此相同。

(2) 混凝土表面严重渗漏

衬砌表面严重渗漏的部位，一般须先对衬砌背后用水泥浆液进行回填，再对结构渗漏部位进行开槽埋设针头注EAA环氧材料处理。衬砌背后回填注浆时应注意：

① 注浆孔间距宜为2~5m，钻孔深度需打孔至衬砌结构背后。

② 孔应在水流上游位置，注浆压力要比静水压力大0.5~1.5MPa。

③ 采用强度等级不低于32.5MPa的普通硅酸盐水泥配制浆液时应注意回填注浆的顺序。建议：由外向内，由下向上，先少水处后多水处。

④ 衬砌背后为砂卵石层和砂层时，宜分别采用渗透注浆和劈裂注浆法。

三、屋面(雨棚)渗漏水故障分析及处理方法

(一)城市轨道交通车站雨棚渗漏故障

1. 城市轨道交通车站雨棚故障现象

雨棚是设在建筑物出入口或顶部阳台上方用来挡雨、挡风、防高空落物砸伤的一种建筑装配。城市轨道交通车站出入口雨棚多为钢结构骨架,侧墙为玻璃面板,屋顶为铝合金屋面板,屋面板间为中性硅酮密封胶胶结。雨棚由于原来施工质量、人为及不可抗力等因素,渗漏水故障发生率较高。常见的雨棚渗漏水故障有如下几类:

(1)板缝渗漏水,外观破损;
(2)顶部板块变形、密封胶老化、开裂,扣件不牢固;
(3)钢骨架、驳接爪脱漆、生锈;
(4)雨棚驳接爪处漏水;
(5)新旧胶黏结处漏水。

2. 城市轨道交通车站雨棚故障原因分析

雨棚渗漏水故障的成因主要有以下几点:

(1)个别出入口施工时由于钢化玻璃之间的黏结胶剂质量问题,导致黏结胶剂开裂,造成雨水沿裂缝渗流入车站;
(2)出入口驳接爪与钢化玻璃固定处由于黏结胶剂封堵不密实,存在缝隙,造成雨水通过缝隙渗漏入车站;
(3)出入口顶棚与侧面玻璃间黏结胶剂封闭不密实,存在裂隙,造成雨水渗入车站;
(4)卷帘门外包装饰面板与玻璃之间缝隙黏结胶剂黏结不密实,造成雨水通过缝隙渗漏入车站。

3. 城市轨道交通车站雨棚渗漏水故障处理方法

(1)施工准备

①材料准备:中性硅酮密封胶,必须有出厂质量合格证,有相应资质等级检测部门出具的检测报告、产品性能和使用说明书;进场后应进行外观检查,合格后按规定取样复试,并实行见证取样和送检制度。

②机具准备:铁抹子、钢卷尺、剪刀、笤帚、橡皮刮板、油工铲刀、伸缩梯、安全带、安全绳、刀片、中性硅酮密封胶、毛刷、胶枪、头灯等工具。

(2)施工方法及工艺

①基层清理。打胶(图4-11)前,先对接缝的打胶处进行清洁。清理时一定要将胶材与板缝的接触面清扫干净,不能有浮灰,并保持光洁。

②清洁后,将填充材料按标准填压到打胶的接缝中,从泡沫条的表面到雨棚平面距离为10mm,以确保胶材的厚度。宽度视部位而定,一般在5~20mm。

③接缝两侧粘贴美纹纸,美纹纸距缝边根据现场情况留出部分距离,一般为0～5mm,以达到胶条满粘且不污染成品的目的。

④用胶枪将胶挤压到接缝中,切不可有虚胶、漏胶现象,必须将10mm的空间全部填充饱满。

⑤由专业人员用刮刀进行平整处理。仔细检查成活面的平整度,对不平整部位用专用胶水进行修复。

⑥最后将美纹纸除去,打胶完成,清理各部位污染的地方,并将垃圾清理带出。

⑦注意事项:

a. 打胶时一定要将胶打饱满,不能跳打,要顺序操作。

b. 加压是关键步骤,要保持加压部位饱满,光滑,不能出现高低不平或者波纹。

图4-11 雨棚打胶

(二)屋面防水结构故障

屋面防水分为四个等级:Ⅰ级防水使用年限25年;Ⅱ级防水使用年限15年;Ⅲ级防水使用年限10年;Ⅳ级防水使用年限5年;屋面防水常用的种类有卷材防水屋面、涂膜防水屋面和刚性防水屋面等。根据不同的防水等级,规定防水层的材料选用及设防要求。

1. 屋面防水结构常见故障

(1)屋面卷材开裂

装配式结构屋面上出现规则的横向裂纹(图4-12)。这种有规则裂纹一般在屋面完工后1～4年的冬季出现,开始细如发丝,以后逐渐加剧,一直发展到1～2mm,以至更宽;无规则裂缝,其位置、形状、长度各不相同,出现的时间也无规律,一般贴补后不再裂开。

产生有规则横向裂缝的主要原因是温度变化,屋面板产生胀缩引起板端角变化。此外还有卷材防水质量差,如老化或低温条件下产生冷脆,降低其韧性和延伸性等。

(2)屋面流淌

严重流淌,流淌面积占屋面50%以上,大部分流淌距离超过卷材搭接长度。卷材大多折皱成团,垂直面卷材拉开脱空,卷材横向搭接有严重错动,在一些脱空和拉断处,产生漏水;中等流淌,流淌面积占屋面20%～50%,大部分流淌距离在卷材搭接长度范围之内,屋面有轻微折皱,垂直面卷材被拉开100mm左右,只有天沟卷材脱空耸肩;轻微流淌,流淌面积占屋面20%以下,流淌长度仅2～3cm,在屋架端坡处有轻微折皱。

产生的原因主要有胶结料耐热度偏低;胶结料黏结层过厚;屋面坡度过陡,而采用平行屋脊铺贴卷材;或采用垂直屋脊铺贴卷材,在半坡进行短边搭接。

(3)女儿墙根部渗漏水

女儿墙根部渗漏水(图4-13)产生的原因是卷材收口处张口,没有钉牢,女儿墙与屋面板转角处没有做成钝角等。

图4-12 屋面防水卷材开裂

图4-13 女儿墙根部渗漏水

(4)屋面卷材起鼓

屋面卷材起鼓产生的原因是卷材防水层黏结不牢的部位,有水分或气体受热膨胀造成鼓泡。有的情况是保温层内含水率高,屋面排气孔设置不合理,找平层与防水层结合不好,造成保温层内受热气体膨胀。

(5)涂膜防水层空鼓

屋面涂膜防水层空鼓多发于高温季节,鼓包由小到大,逐渐发展,大的直径可达200～300mm,有的大小鼓包成片串连,鼓包一般从防水层底部始部防水层隆起高达50～80mm。鼓包与地区没有明显的关系,同一地区有的严重,有的较轻,有的就没有发现。将鼓包剖开后可见,包内都含有水分,防水层与基层脱离,粘在基层上的胶黏剂被拉成蜂窝状,有的带小白点,有的还有冷凝水珠。随着温度的升高,有的防水层被拉裂,产生渗漏。

(6)刚性屋面开裂渗漏

混凝土刚性屋面裂缝一般分为结构裂缝、温度裂缝和施工裂缝三种。结构裂缝通常发生在屋面板拼缝处,穿过防水层并上下贯通,温度裂缝是有规则的通长的分布,比较均匀;施工裂缝是不规则的、长度不等的断续裂缝。

2.屋面防水结构常用材料

(1)防水卷材

防水卷材在我国建筑防水材料的应用中处于主导地位,广泛用于屋面、地下和特殊构筑物的防水,是一种面广量大的防水材料。防水卷材主要包括沥青防水卷材、高聚物改性沥青防水卷材和合成高分子防水卷材三大系列。其中,沥青防水卷材是传统的防水材料,成本较低,但拉伸强度和延伸率低,温度稳定性较差,高温易流淌,低温易脆裂;耐老化性较差,使用年限较短,属于低档防水卷材。高聚物改性沥青防水卷材和合成高分子防水卷材是新型防水材料,各项性能较沥青防水卷材优异,能显著提高防水功能,延长使用寿命,工程应用非常广泛。高聚物改性沥青防水卷材按照改性材料的不同分为:弹性体改性沥青防水卷材、塑性体改性沥青防水卷材和其他改性沥青防水卷材;合成高分子防水卷材按基本原料种类的不同分为:橡胶类防水卷材、树脂类防水卷材和橡塑共混防水卷材。

(2)防水涂料

防水涂料是指常温下为液体,涂覆后经干燥或固化形成连续的能达到防水目的的弹性涂膜的柔性材料。主要适用于Ⅲ级、Ⅳ级的屋面防水。高聚物改性沥青防水涂料适用于Ⅱ、Ⅲ、Ⅳ级防水等级的屋面、地面、混凝土地下室和卫生间等的防水工程。合成高分子防水涂料适用于Ⅰ、Ⅱ、Ⅲ级防水等级的屋面、地下室、水池及卫生间等的防水工程。

防水涂料按照使用部位可分为:屋面防水涂料、地下防水涂料和道桥防水涂料。也可按照成型类别分为:挥发型、反应型和反应挥发型。一般按照主要成膜物质种类进行分类,防水涂料分为:丙烯酸类、聚氨酯类、有机硅类、高聚物改性沥青类和其他防水涂料。防水涂料特别适合于各种复杂、不规则部位的防水,能形成无接缝的完整防水膜。涂布的防水涂料既是防水层的主体,又是胶黏剂,因而施工质量容易保证,维修也较简单。防水涂料广泛适用于屋面防水工程、地下室防水工程和地面防潮、防渗等。

(3)防水油膏

密封材料是指能适应接缝位移达到气密性、水密性目的而嵌入建筑接缝中的定型和非定型的材料。建筑密封材料分为定型和非定型密封材料两大类型。定型密封材料是具有一定形状和尺寸的密封材料,包括各种止水带、止水条、密封条等;非定型密封材料是指密封膏、密封胶、密封剂等黏稠状的密封材料。

建筑密封材料按照应用部位可分为:玻璃幕墙密封胶、结构密封胶、中空玻璃密封胶、窗用密封胶、石材接缝密封胶。一般按照主要成分进行分类,建筑密封材料分为:丙烯酸类、硅酮类、改性硅酮类、聚硫类、聚氨酯类、改性沥青类、丁基类等。

(4)堵漏灌浆材料

堵漏灌浆材料是由一种或多种材料组成的浆液,用压送设备灌入缝隙或孔洞中,经扩散、胶凝或固化后能达到防渗堵漏目的的材料。

堵漏灌浆材料主要分为颗粒性灌浆材料(水泥)和无颗粒化学灌浆材料。颗粒灌浆材料是无机材料,不属于化学建材。堵漏灌浆材料按主要成分不同可分为:丙烯酸胺类、甲基丙烯酸酯类、环氧树脂类和聚氨酯类等。

3. 屋面防水结构故障整治措施

(1)卷材屋面开裂处理。

对于基层未开裂的无规则裂缝(老化龟裂除外),一般在开裂处补贴卷材即可。有规

则横向裂缝在屋面完后的几年内,正处于发生和发展阶段,只有逐年治理方能收效。治理方法有:

①用盖缝条补缝。盖缝条用卷材或镀锌铁皮制成。补缝时,首先清理修补范围的屋面,在裂缝处先嵌入防水油膏或浇灌热沥青。卷材盖缝条应用玛蹄脂粘贴,周边要压实刮平。镀锌铁皮盖缝条应用钉子钉在找平层上,其中距为200mm左右,两边再附贴一层宽200mm的卷材条(图4-14)。用盖缝条补缝,能适应屋面基层伸缩变形,避免防水层被拉裂,但盖缝条易被踩坏,故不适用于积灰严重、扫灰频繁的屋面。

图4-14 卷材盖缝条整体效果

②用干铺卷材作延伸层。在裂缝处干铺一层250～400mm宽的卷材条作延伸层。干铺卷材的两侧20mm处应用玛蹄脂粘贴。

③用防水油膏补缝。补缝用的油膏,目前采用的有聚氯乙烯胶泥和焦油麻丝两种。用聚氯乙烯胶泥时,应先切除裂缝两边宽各50mm的卷材和找平层,保证深为30mm。然后清理基层,热灌胶泥至高出屋面5mm以上。用焦油麻丝嵌缝时,先清理裂缝两边宽各50mm的绿豆砂保护层,再灌上油膏即可。油膏配合比(重量比)为焦油:麻丝:滑石粉 = 100:15:60。

(2)卷材屋面流淌处理

严重流淌的卷材防水层可考虑拆除重铺。轻微流淌如不发生渗漏,一般可不予治理。中等流淌可采用下列方法治理:

①切割法。对于天沟卷材耸肩脱空等部位,可先清除绿豆砂,切开将脱空的卷材,刮除卷材底下积存的旧胶结料,待内部冷凝水晒干后,将下部已脱开的卷材用胶结料粘贴好,加铺一层卷材,再将上部卷材盖上。

②局部切除重铺。对于天沟处皱折成团的卷材先予以切除,仅保存原有卷材较为平整的部分,使之沿天沟纵向成直线。

卷材铺贴的整体工艺如下:

①卷材铺贴方向。

屋面坡度小于3%时,卷材宜平行屋脊铺贴(图4-15);屋面坡度在3%～15%时,卷材可平行或垂直屋脊铺贴；屋面坡度大于15%或屋面受震动时，沥青防水卷材应垂直屋脊铺贴，高聚物改性沥青防水卷材和合成高分子防水卷材可平行或垂直屋脊铺贴；上下层卷材不得相互垂直铺贴。

②卷材的铺贴方法。

卷材防水层上有重物覆盖或基层变形较大时，应优先采用空铺法、点粘法、条粘法或机械固定法，但距屋面周边800mm内以及叠层铺贴的各层卷材之间应满粘（图4-16）；防水层采取满粘法施工时，找平层的分格缝处宜空铺，空铺的宽度宜为100mm；在坡度大于25%的屋面上采用卷材做防水层时，应采取防止卷材下滑的固定措施。

图4-15 平行于屋脊的卷材铺贴

图4-16 满粘施工

③卷材铺贴顺序。

屋面卷材防水层施工时，应先做好节点、附加层和屋面排水比较集中等部位的处理；然后，由屋面最低处向上进行。铺贴天沟、檐沟卷材时，宜顺天沟、檐沟方向，减少卷材的搭接。当铺贴连续多跨的屋面卷材时，应按先高跨后低跨、先远后近的次序。

④新旧卷材的搭接（图4-17）。

a. 接槎法：先将旧卷材槎口切齐。并铲除槎口边缘200mm处的绿豆砂。新旧卷材按槎口分层对接，最后将表面一层新卷材搭入旧卷材150mm并压平，上做一油一砂。此法一般用于治理天窗泛水和山墙泛水处。

图4-17 卷材的长边搭接

b. 搭槎法:将旧卷材切成台阶形槎口,每阶宽大于80mm。用喷灯将旧胶结料烤软后,分层掀起80～150mm,把旧胶结料除净,卷材下面的水汽晒干。最后把新铺卷材分层压入旧卷材下面,此法多用于治理天沟处。

c. 钉接法:当施工后不久,卷材有下滑趋势时,可在卷材的上部离屋脊300～450mm范围内钉三排50mm长圆钉,钉眼上灌胶结料。卷材流淌后,横向搭接若有错动,应清除边缘翘起处的旧胶结料,重新浇灌胶结料,并压实刮平。

⑤卷材收头。

天沟、檐沟、檐口、泛水和立面卷材收头的端部应裁齐,塞入预留凹槽内,用金属压条钉压固定,最大钉距不应大于900mm,并用密封材料嵌填封严。图4-18为卷材端部施工示意图。

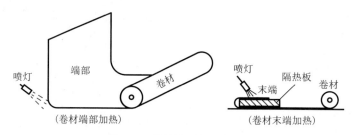

图4-18 卷材端部施工示意图

⑥卷材防水保护层。

卷材防水层完工并经验收合格后,应做好成品保护。保护层的施工应符合下列规定:

a. 绿豆砂应清洁、预热、铺撒均匀,并使其与沥青玛蹄脂黏结牢固,不得残留未黏结的绿豆砂。

b. 云母或蛭石保护层不得有粉料,撒铺应均匀,不得露底,多余的云母或蛭石应清除。也可以用附有铝箔或石英颗粒的卷材为面层卷材,直接作为防水保护层。

c. 水泥砂浆保护层的表面应抹平压光,并设表面分格缝,分格面积宜为1m。

d. 块体材料保护层应留设分格缝,分格面积不宜大于100m,分格缝宽度不宜小于20mm。

e. 细石混凝土保护层,混凝土应密实,表面抹平压光,并留设分格缝。

f. 浅色涂料保护层应与卷材黏结牢固,厚薄均匀,不得漏涂。

g. 水泥砂浆、块材或细石混凝土保护层与防水层之间应设置隔离层。

h. 刚性保护层与女儿墙、山墙之间应预留宽度为30mm的缝隙,并用密封材料嵌填严密。

(3)山墙、女儿墙漏水处理

①清除卷材张口脱落处的旧胶结料,烤干基层,重新钉上防腐木条,将旧卷材贴紧钉牢,再覆盖一层新卷材,收口处用防水油膏封口。

②凿除开裂和剥落的压顶砂浆,重抹1:2.5～1:2的水泥砂浆,并做好滴水线。最好换上预制钢筋混凝土压顶板(在地震地区不宜使用)。

③将转角处开裂的卷材割开,旧卷材烘烤后分层剥离,清除旧胶结料,按图4-19的做法处理。

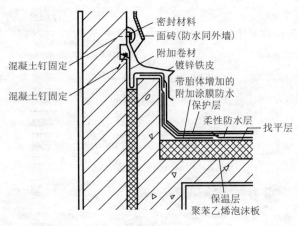

图4-19 女儿墙防水节点做法

(4)卷材起鼓处理

①直径100mm以下的中、小鼓泡可用抽气灌油法治理。先在鼓泡的两端用铁钻子钻眼,然后在孔眼中各插入一支针管,其中一支抽出鼓泡内部的气体,另一支灌入纯10号建筑石油沥青稀液,边抽边灌。灌满后拔出针管,用力把卷材压平贴牢,用热沥青封闭针眼,并压上几块砖,几天后再将砖移去即可。

②直径100~300mm的鼓泡,先铲除鼓泡处的绿豆砂,用刀将鼓泡按斜十字形割开,放出鼓泡内气体,擦干水分,清除旧胶结料,再用喷灯把卷材内部吹干。随后按顺序把旧卷材分片重新粘贴好,再新贴一块方形卷材(其边长比开刀范围大50~60mm),压入既有卷材下,最后粘贴覆盖好既有卷材,四边搭接处用铁熨斗加热抹压平整后,重做绿豆砂保护层。上述分片铺贴顺序是按屋面流水方向先下再上左后上。

③直径更大的鼓泡用割补法治理。先用刀把鼓泡卷材割除,按上一做法进行基层清理,再用喷灯烘烤旧卷材槎口,并分层剥开,除去旧胶结料后,依次粘贴好旧卷材,并于其上铺一层新卷材(四周与旧卷材搭接不小于50mm),然后贴上旧卷材。再依次粘贴旧卷材,上面覆盖第二层新卷材,最后粘贴卷材,周边熨平压实,重做绿豆砂保护层。

(5)涂膜防水层空鼓处理

将起鼓部位的防水层,用刀呈斜十字切割,排出包内气体,翻开切割的防水层,清除杂物并晾干。将切割翻开部分的防水层重新粘贴牢固,上面铺设带有胎体增强材料的涂膜防水层,周边应大于原防水层切割部位,搭接宽度不应小于100mm,外露边缘应用涂料多遍涂刷封严。防水层已起鼓、老化、腐烂,应铲除防水层并修整或重做找平层。水泥砂浆找平层应抹平光,再做防水层。涂膜防水层施工(图4-20)的整体工艺流程如下:

①屋面找平层及保温层的要求同屋面卷材防水施工,基层的干燥程度应视所用涂料特性确定。当采用溶剂型涂料时,屋面基层应干燥。

②防水涂膜应分遍涂布,不得一次涂成。应待先涂布的涂料干燥成膜后,方可涂布后一遍涂料,且前后两遍涂料的涂布方向应相互垂直。

③需铺设胎体增强材料时,当屋面坡度小于15%,可平行屋脊铺设;当屋面坡度大于15%,应垂直于屋脊铺设,并由屋面最低处向上进行。胎体增强材料长边搭接宽度不得小于50mm,短边搭接宽度不得小于70mm。采用二层胎体增强材料时,上下层不得相互垂直铺设,搭接缝应错开,其间距不应小于幅宽的1/3。

④涂膜防水层的收头,应用防水涂料多遍涂刷或用密封材料封严。

⑤涂膜防水屋面应设置保护层。保护层材料可采用细砂、云母、蛭石、浅色涂料、水泥砂浆、块体材料或细石混凝土等。采用水泥砂浆、块体材料或细石混凝土时,应在涂膜与保护层之间设置隔离层。水泥砂浆保护层厚度不宜小于20mm。

图4-20 涂膜防水施工现场

(6)刚性屋面开裂整治

刚性屋面开裂整治施工的整体要求和工艺如下:

①材料要求。

a. 水泥强度等级不宜低于32.5级,不得使用火山灰质水泥。水泥用量不得少于330kg/m;宜掺入外加剂,混凝土强度不得低于C20。

b. 含砂率宜为35%～40%,灰砂比宜为1∶2.5～1∶2。

c. 水灰比不应大于0.55。

d. 粗集料粒径不宜超过15mm,含泥量不应大于1%,细集料应采用中砂或粗砂,含泥量不应大于1%。细石混凝土施工气温在5～35℃,养护时间不得少于14d。

②基层要求。

a. 屋面刚性防水层主要分为普通细石混凝土防水层、补偿收缩混凝土防水层、块体刚性防水层、预应力混凝土防水层、钢纤维混凝土防水层,尤以前两种应用最为广泛。

b. 刚性防水屋面应采用结构找坡,坡度宜为2%～3%。天沟、檐沟应用水泥砂浆找坡,找坡厚度大于20mm时,宜采用细石混凝土。刚性防水层内严禁埋设管线。

③分格缝的设置。

刚性防水层应设置分格缝,分格缝内应嵌填垂封材料。分格缝应设在屋面板的支承端、屋面转折处、防水层与突出屋面结构的交接处,并应与板缝对齐。普通细石混凝土和补偿收缩混凝土防水层的分格缝,宽度宜为 55～30mm,纵横间距不宜大于 6m,上部应设置保护层。

第三节 饰面板(砖)类故障分析及处理方法

一、饰面板(砖)常见故障分析及处理方法

饰面板（砖）工程用的材料种类繁多,技术性能各异,城市轨道交通车站使用的饰面板（砖）有陶瓷材料(全陶瓷和釉面)、石质材料(天然石和人造石,有粘贴式和干挂式)、(盲道)及金属搪瓷材料（搪瓷挂板）。由于城市轨道交通车站是一级防火单位,所以这些材料都是不燃或难燃材料。

（一）粘贴式石质、陶瓷材料

1. 故障现象

陶瓷材料最常见的病害有空鼓、脱落(图 4-21)。

图 4-21 瓷砖空鼓脱落

2. 故障原因分析

（1）由于粘贴面砖的墙饰面层面积较大,使底子灰与基层之间产生较大的剪应力,粘贴层与底子灰之间也有较小的剪应力,如果再加上基层表面偏差较大,基层处理或施工操作不当,各层之间的黏结强度又差,面层即产生空鼓,甚至从建筑物上脱落。

（2）砂浆配合比不准，稠度控制不好，砂子中含泥量过大，在同一施工面上，采用不同的配合比砂浆，引起不同的伸缩而开裂空鼓。

（3）饰面层各层长期受大气温度的影响由表面到基层的温度梯度和热胀冷缩，在各层间也会产生应力，引起空鼓；如果面砖粘贴砂浆不饱满，面砖勾缝不严实，雨水渗透进去后发生冻胀，更易引起空鼓、脱落。

（4）基层没有处理好，砂浆失水太快，造成釉面砖与砂浆黏结力低。釉面砖浸水不足，造成砂浆早期脱水；浸泡的砖未晾干就粘贴，浮水使砖浮动下坠。

（5）操作不当，砂浆不饱满、厚薄不均匀、用力不均。砂浆已收水，再对粘贴完的釉面砖进行纠偏移动容易造成脱落。

3. 处理方法

（1）在基层施工时，应尽可能做到平整垂直，为饰面施工创造条件。

（2）维修粘贴前应清干净有空鼓、脱落的基层，表面修补平整，过凹的地方要分次填补，基层洒水湿透，刷107胶一道。有防水要求的地方先进行防水处理。

（3）面砖在使用前要清洗干净，并隔夜用水浸泡，晾干后（外干内湿）才能使用。使用未浸泡的干砖，表面有积灰，砂浆不易黏结，而且由于面砖吸水性强，砂浆中的水分很快吸收掉，使砂浆与砖的黏结力大为降低；若面砖浸泡时没有晾干，湿面砖表面附水，使贴面砖时产生浮动。这些都能导致面砖空鼓、脱落。

（4）粘贴面砖砂浆要饱满，但使用砂浆过多，面砖又不易贴平；如果多敲，会造成浆水集中到面砖底部或溢出，收水后形成空鼓，特别的垛子、阳角处贴面砖时更要注意，否则容易产生阳角处不平直和空鼓，导致面砖脱落。

（5）在砖粘贴过程中，宜做到一次成活，不宜移动，尤其是砂浆收水后现纠偏挪动，最容易引起空鼓。粘贴砂浆一般采用1:1的水泥砂浆，并做到配合比准确。

（6）做好勾缝。勾缝用1:1水泥砂浆，砂要过窗纱筛；勾成凹缝，一般进面砖深度约3mm。相邻面砖不留缝的拼缝处，应用同面砖相同颜色的水泥浆擦缝，勾缝时对面砖上的残浆必须及时清除，不留痕迹。对于要求有颜色的勾缝，分两次进行，头一遍用一般水泥砂浆，第二次用有色勾缝材料。

（7）釉面砖使用前必须清洗干净，用水浸泡到釉面砖不冒气泡为止，一般不少于2h，然后取出，待表面晾干后方可粘贴。

（8）墙面砖的砂浆厚度一般控制在7～10mm，过厚或过薄都易产生空鼓。必要时，可用掺有水泥质量3%的107胶水的水泥砂浆，改善砂浆的黏结性和保水性，这种施工方法对水泥有一定缓凝作用，不但增加黏结力，而且可以减少黏结层的厚度，校正表面平整和拨缝时间可长些，便于操作，易于保证粘贴质量。

（9）当采用混合砂浆黏结层时，粘贴后的釉面砖可用灰匙木柄轻轻敲击；当采用107胶聚合物水泥砂浆黏结层时，可用手轻压，并用橡皮锤轻轻敲击，使其与底层黏结密实，如遇黏结不密实时，就取下重贴，不得在砖口处塞灰。

（10）面砖材质的挑选作为一道工序，将色泽不同的面砖分别堆放，并将翘曲、变形、裂纹、面层有杂质、缺棱掉角、几何尺寸超标等有缺陷的面砖挑出，同一类的面砖用在同一房间或一墙（地）面上，保证接缝、颜色均匀。

（11）粘贴前做好规矩。用水平尺找平，校核墙（地）面方正，算好纵横砖的块数，划出皮数杆，定出水平标准。可先用废面砖贴出灰饼，打出标准，灰饼间距小于靠尺板长度为宜。阳角处要两面抹直。

（12）根据弹好的水平线，稳好平尺板，作为粘贴第一行釉面砖的依据，由下向上逐行粘贴。每贴好一行面砖及时用靠尺板横、竖靠平靠直。高出的地方用灰匙木柄敲平；及时校正横、竖缝平直和均匀，严禁在粘贴砂浆收水后再进行纠偏移动面砖。

（13）地面砖铺设当基层较低或过凹时选取用细石混凝土找平，凝固后再垫1∶3～1∶4的干硬性水泥砂浆，厚度在25～40mm。铺放板材时，高出地面20～40mm（若砂浆铺得过厚，放上板材后，砂浆底部不易砸实，常常引起局部空鼓）。

（14）地面砖初步试铺，用橡皮锤敲击，既要达到铺设高度，也要使垫层砂浆平整密实。根据锤击的空实声，搬起板材，或增或减砂浆，现浇一薄层素水泥浆安铺板材，注意安铺时要四角平稳落地。锤击时，不要砸板的边角；若垫方木锤击，方木长度不得超过单块板的长度，更不要搭在另一块铺高的板材上敲击，以免引起空鼓。板材铺设24h后，洒水养护1～2次，以补充水泥砂浆在硬化过程中所需水分，保证板材与砂浆黏结牢固。浇缝前将地面扫净，并把板材上和拼缝内松散砂浆用开刀清除掉；灌缝分几次进行，用长把刮板往拼缝刮浆，务使水泥浆填满缝和部分边角不实的空隙，灌缝隙24h后再浇水养护，然后覆盖锯末等保护成品进行养护，养护期间禁止上人踩踏。

（二）干挂石材

1. 故障现象

饰面板（砖）工程多采用干挂材料。车站干挂石材一般常见病害为脱落（图4-22）和破裂。

图4-22　干挂石材脱落

车站常见几种干挂石材节点竖剖面见图4-23～图4-27。

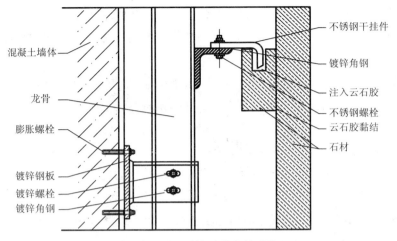

图 4-23　干挂石材竖向节点剖面图 1

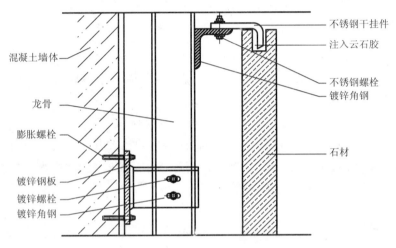

图 4-24　干挂石材竖向节点剖面图 2

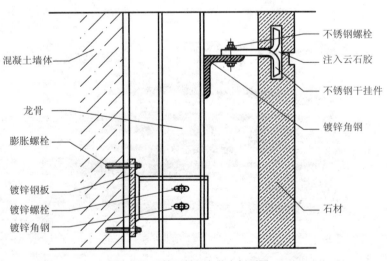

图 4-25　干挂石材竖向节点剖面图 3

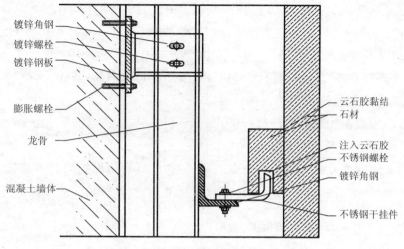

图 4-26 干挂石材竖向节点剖面图 4

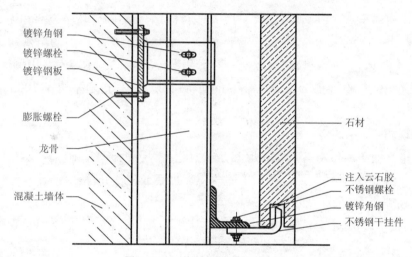

图 4-27 干挂石材竖向节点剖面图 5

2. 故障原因分析

（1）勾挂不到位引起脱落。

（2）使用黏结材料黏结时，板面没清理干净，黏结力不足造成脱落。

（3）人为破坏致使破裂。

3. 处理方法

（1）施工前清理混凝土墙壁的杂物。

（2）打好平水，弹好线，定好膨胀螺栓的点，打好膨胀螺栓的眼。

（3）将镀锌钢板与镀锌角钢焊接成整体的连接件，并用 M12×120 镀锌膨胀螺栓把整体的连接件拴固在墙上，一个整体连接件拴 4 个膨胀螺栓。用 M14×120 镀锌螺栓将 10 号镀锌槽钢竖向垂直安装在连接件上，再将 50mm×5mm 镀锌角钢横向水平地固定在槽钢上。竖向槽钢的间距一般是 800～1200mm 之间，横向角钢的间距根据干挂石材的高度来决定。

（4）一定要算好高度尺寸、定好位再在石材上开孔，切割挂件孔时尽量地减少尺寸的误差，以免在石材与石材之间出现较大缝隙；挂钩数量根据石材宽度上下至少各安装2个。先安装好下面的挂钩。

（5）调云石胶要按产品说明按比例调好，一次不能调太多，调好的云石胶要在一定的固化时间内用完，以免造成凝固浪费或黏结不牢。

（6）用云石胶灌满切割好的石材挂件孔，将石材安装在下面的挂钩上，再安装中间或上面的挂钩。依次往上安装石材及挂件。

（7）用石云胶封灌或将石材与石材之间黏结前，先将石材黏结面上的灰尘、石屑等杂物清理干净再进行黏结。这样可以避免黏结时有灰尘、石屑等杂物作为中间隔离层造成的黏结不牢、脱落、松动等病害。

（三）盲道

城市轨道交通车站盲道（图4-28）采用大理石材、全天然的矿物填充料和无害的颜料制成，具有环保和一定防火、吸音、抗静电等性能。在城市轨道交通车站的出入口平台及台阶前、楼梯起终点与休息平台、进出站路线拐弯处、售票处、检票处、无障碍专用厕所、无障碍电梯以及站台候车区域设置提示盲道，提示盲道间设行进盲道，盲道采用宽300mm燃烧性能为A级的材料。

1. 故障现象

城市轨道交通车站盲道有点状盲道和条状盲道；常用黏结剂有101瞬间黏合剂、万能胶和汉高胶水。由于各种原因，通常会出现翘角、起边、起鼓、脱胶脱落等病害。

2. 常见故障分析

（1）地面湿度较大，水分渗透到石材与黏结层之间，水蒸气向上蒸发，冲开黏结层造成盲道起鼓、脱胶脱落。

图4-28 盲道

（2）粘贴施工时，石材表面不干或不干净引起脱胶。

（3）涂刮黏结剂时，黏结剂未涂到边角造成翘角、起边。

（4）用万能胶粘贴时，石材、盲道面的胶未干到规定的程度就进行粘贴造成翘角、起边、起鼓、脱胶脱落。

（5）有一点边角翘起，大量的人流在盲道上踩、踢，造成整块盲道被掀起。

3. 处理方法

（1）施工前将盲道与地面石材的黏结面清理干净。特别是黏结面的边角位置，如未清理干净会造成起边和翘角。

（2）检查黏结面是否潮湿，须等到干燥后才能进行施工。也可用专用的烘干设备烘干或用电吹风吹干后再进行施工。

(3)打胶一定要均匀。如用万能胶黏结,石材黏结面和盲道黏结面的两面都要涂刮胶水,用1~2mm有漫齿的刮片均匀地涂刮0.5~1mm厚,涂太薄黏结力不好,涂太厚不易干。刮涂的胶要到边到角的涂满,涂刮时的速度要快,以免胶成冻状不易刮开刮均匀。涂刮完万能胶10~20min后,用手触摸黏结面上涂刮好的万能胶,几乎不粘手时才可进行粘贴;如果用汉高胶水黏结,就只涂刮石材面即可,用2~3mm有漫齿的刮片或漫刀均匀地涂刮2~3mm厚。调汉高胶水时,要按厂家使用说明进行调制,调好的胶要在一定的时间内用完,否则会造成浪费或黏结不牢。等到汉高胶水有七八分干时才可进行粘贴。

(4)由于盲道的伸缩性较大,粘贴时,盲道与盲道之间要留1~2mm伸缩缝。贴上盲道后,用橡皮锤在盲道上均匀地敲打,使两个黏结面之间更好、更实地黏结。

(5)旧盲道黏结面上的胶膜、杂物难以清理干净时,就须换上新的盲道进行粘贴。

(6)翘角、起边的盲道,清理干净黏结面上的胶膜、杂物后,可用101瞬间黏合剂点上几点按几秒钟进行黏合。但必须保证黏结面上不潮湿。

(四)搪瓷钢板

搪瓷钢板干挂常用于地铁车站站厅、站台墙面、柱面的装饰以及出入口门套的装饰。

1. 故障现象

搪瓷钢板干挂体系通常会出现掉瓷、脱落、翘起、松动等现象。

2. 常见故障分析

(1)人为原因致使碰撞掉瓷、松动。

(2)钢架、锚固件连接不牢,挂件连接松动。

3. 处理方法

(1)搪瓷钢板在使用过程中因意外原因引起的小于10mm的可修复性损伤,必须按以下规定进行修复。

①使用200目的金相砂纸清理破损区域的铁锈及其他污迹,直至露出金属本体。

②吹尘,并使用丙酮擦拭。

③使用专门的搪瓷修补液(Touch-up或Porc-a-fix)进行表面修补,应注意修补厚度与原表面吻合,均匀而光滑。

④待干时间约6h,待干时应避免接触并注意环境清洁。

⑤如出现大于10mm的破损,须先使用丙烯酸树脂对原破损面进行填补,然后按④进行处理。

⑥已经对金属基体造成破坏的任何破损,不应进行修补,应进行更换。

⑦所有的修补,应由专业人员或接受过培训的技工进行。

(2)如有金属刮痕等难以去除的痕迹,可使用1200号金相砂纸蘸湿后进行水磨。水磨后按正常程序进行清理。

(3)搪瓷钢板的维修和更换应由专业人员按操作规程进行。搪瓷钢板进行维修时,必须根据安装结构进行合理拆卸。有紧定螺栓的结构,拆卸时必须先拧松紧定螺栓。不允许使用工具直接在搪瓷钢板表面进行锤击、撬等。

（4）在建筑物墙体钻螺栓、穿墙螺栓安装孔的位置应满足瓷板安装时角码板调节要求,钻孔用的钻头应与螺栓直径相匹配,钻孔应垂直,钻孔深度应能保证胀锚螺栓进入混凝土结构层不小于60mn,钻孔内的灰粉应清理干净,方可塞进胀锚螺栓,穿墙螺栓的垫板应保证与钢丝网可靠连接,钢丝网搭接应符合设计要求,螺栓紧固力矩应取 40～45N·m,并应保证紧固可靠。

（5）挂件连接应牢固可靠,不得松动,挂件的位置调节适当,并应能保证搪瓷钢板连接固定、位置准确,挂件的螺栓紧固力矩应取 40～45N·m,并应保证紧固可靠,挂件连接钢架L形钢的深度不得小于3mm,附螺栓紧固可靠且距离不宜大于300mm,挂件与钢材接触面,宜加设橡胶或塑胶隔离。钢结构龙骨安装完毕后,进行隐检验收,其平整度、垂直度、接缝交差、坡度焊缝均须符合要求,做好隐蔽检验记录后才能转入下一道工序。

（6）安装操作要求：

①安装搪瓷钢板应使用合适完好的工具进行,直接与搪瓷墙面接触的安装工具必须使用柔性接触,如胶锤、橡胶衬垫等。

②安装搪瓷钢板时,应使钢板主体处于自然的重力状态,不应使用锤击、挤压等强迫方式进行安装。

③所有需要在搪瓷钢板上预留的孔洞和缺口,必须在工厂加工完成,不能在现场进行开孔、切割、折弯等任何的机械加工操作。

（7）允许偏差及检验方法：

立面垂直度：≤2mm,用2m垂直检测尺检查；

表面平整度：≤2mm,用2m靠尺和塞尺检查；

阴阳角方正：≤3mm,用直角检测尺检查；

接缝直线度：≤2mm,拉5m线,不足5m拉通线,用钢直尺检查；

接缝高低差：≤1mm,用钢直尺和塞尺检查；

接缝宽度：≤1mm,用钢直尺检查。

二、涂装常见故障分析及处理方法

油漆与涂料是同一概念。油漆是人们惯用的名称,由于新型人造漆大多趋向于少用油或完全不用油或用水代替,而改用有机合成的各种树脂,这些统称"涂料"。涂料是指涂抹于物体表面,能与基体材料很好黏结,并形成完整而坚韧保护膜的材料。涂料分为油性涂料和水性涂料,城市轨道交通车站最常见油性涂料有过氯乙烯防腐漆；水性涂料有乳胶漆。

（一）油性涂料

1. 故障现象
车站油性涂料常见问题有漆膜起泡、起皮、漆膜脱落、脱粉等建筑物涂装通病。

2. 故障原因分析
（1）基层潮湿，水分蒸发而造成漆膜起泡、起皮。

（2）喷涂施工时，压缩空气中含有水蒸气，与油性涂料混在一起，由于油性涂料比水轻，喷涂施工后油性涂料浮在水上面，而水在涂料基层之间间隔造成起泡。

（3）涂刷的涂料黏度太大，当漆刷沿着油漆涂刷时，夹带的空气进入涂层，不能跟随溶剂一起挥发而产生气泡。

（4）涂刷施工时每遍漆膜涂刷太厚，弹性不好，长时间后由于漆膜与基层之间的收缩造成裂纹慢慢地掉落。

3. 处理方法
（1）施工前先将物体表面油、水等物质清理干净，物体表面凸凹不平处应进行处理，凸鼓处铲磨平整，凹陷处用腻子抹平，较大的孔洞要分多次抹平。

（2）选择适当的施工环境温度和湿度。以温度15～25℃，相对湿度50%～75%为最适合的施工环境，越接近越好。

（3）调整涂料的黏度，温度高时调小一些，反之调大一些；喷涂施工调小些，手刷施工调大些。调整黏度时边调边试，以达到理想的效果。

（4）喷涂方法施工时，喷枪距物体表面控制在250～300mm之间，一般喷涂第一道漆时要近点，以后每道漆要略远一点，气压保持在0.3～0.4MPa之间，如用大喷枪，气压保持在0.45～0.65MPa之间，喷涂时，喷嘴垂直于物体。

（5）选择适用的刷子，毛有弹性、耐用、吸料，根据施工面的大小选用刷子的大小。刷漆时要上下走刷不要横涂乱抹。在线角和棱角处用油刷轻点一下，将多余的漆顺刷开，避免漆膜过厚而流坠。

（6）宁可多涂几道漆，也不要急于求成一次将漆膜涂得太厚，每道漆要涂刷均匀一致。漆料、溶剂和腻子要配套使用，以免造成涂层起皮、脱粉、附作力差等病害。

（二）水性涂料

1. 故障现象
车站水性涂料常见问题有漆膜起泡、起皮、漆膜脱落、脱粉等建筑物涂装通病。

2. 故障原因分析
（1）基层含水率较高时施工和涂料加水量太多，成膜不完善，时间久后会造成涂层脱粉。

（2）水泥基层含水率较高，碱性大，析出结晶粉末而造成起鼓、起皮。基层表面太光滑，腻子黏度太低，造成涂膜起皮脱落。

（3）基层凹陷处的灰尘、杂物未清理干净，造成腻子黏结不牢或腻子抹得太厚，形成干缩裂纹,甚至脱落。

3. 处理方法

(1)检查基层是否干燥,含水率应小于10%;新抹水泥砂浆基面夏季养护7d以上,冬季养护14d以上;现浇混凝土墙面夏季养护10d以上,冬季养护20d以上,基面碱性,pH值不大于10。

(2)涂刷底漆前,刷除表面油污浮灰,对基层缺陷进行修补平整。然后根据基层的情况涂刷1~2道抗碱封闭底漆;外墙基层过干时,涂刷抗碱封闭底漆前可稍加湿润。

(3)通常腻子批2~3道,批完1~2道千万不要因为有较多刮痕或凸处等情况而用砂纸打磨,这样会有较多的粉尘清理不掉,批下一道腻子时会因打翻或黏结分层造成空鼓脱落;如有较多刮痕或凸处等情况,只用铲刀稍作清理即可。

(4)批完最后一道腻子用砂纸打磨光滑,涂1~2道底漆。每涂完一道底漆都要检查一次漆面,看是否有凹陷、凸处、刮痕及砂眼等缺陷。如有凹陷、砂眼就用腻子进行修补;如有凸处刮痕就用砂纸打磨平滑。

(5)适度调整涂料的黏度。黏度过小,涂层容易脱粉;黏度过大,如用涂刷施工法,涂刷时不易刷顺刷开,且有刷纹,如用喷涂施工法,黏度过大会喷不出喷雾或喷雾小。

(6)刷漆时尽量不要将漆滴到墙上,以免形成水滴状疙瘩;一旦滴在墙上,一定要马上用干净抹布抹干净。要先上后下地刷,如一间房就要先从顶棚刷起。

三、抹灰工程常见故障分析及处理方法

抹灰(又称做粉刷)工程是对建筑物的墙、柱、顶棚及地面表面的保护、美化或满足某些需要的一种传统做法的装饰工程。抹灰一般指石灰砂浆、水泥砂浆、水泥混合砂浆等多种抹灰。

(一)故障现象

地铁房建工程目前采用的是水泥砂浆抹灰,但由于各种原因,常出现一些病害,主要有空鼓(图4-29)、裂缝(图4-30)等。

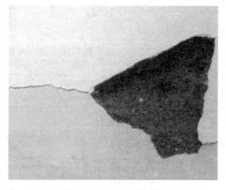

图4-29 抹灰层空鼓

图4-30 抹灰裂缝

（二）故障原因分析

（1）部分墙面由于抹灰施工前对墙面浇水湿润护养不够,墙面干燥,存在毛细孔,导致抹灰上墙后,墙体大量吸取砂浆的水分,水分散发太快,造成砂浆强度不高,黏结力下降以及收缩太快,尤其是砂浆与墙面黏结面,当砂浆层的强度不能抵抗收缩拉力时会开裂。同样,由于这时砂浆层与墙面的黏结力还未达到足以抵抗由于收缩而造成的砂浆层在墙面上的滑动,因而发生空鼓。

（2）在对混凝土墙面进行毛化处理时,工人质量意识淡薄,处理不到位,喷洒不均匀,且对毛化后的墙面养护时间（应在终凝后浇水养护,直到水泥砂浆疙瘩全部粘满混凝土光面上,并有较高强度即用手掰不动）和方法（浇适量水湿润,水的压力不宜过大,否则会使毛化的砂浆脱落）有误。

（3）抹灰时,一些工人没有按交底施工,抹灰一次成型,没有分两次进行。

（4）抹灰砂浆自身收缩引起开裂,抹灰砂浆收缩主要包括化学收缩、干燥收缩、温度收缩及塑性收缩。这些收缩将在抹灰砂浆中产生拉应力,当拉应力超过抹灰砂浆的抗拉强度时就会出现裂缝或空鼓。

（5）拌和使用的砂浆配合比不正确,或砌块破损、断裂。砂浆的配合比达不到设计要求时,砂浆的黏结力与强度不够,抹灰层与墙面黏结不紧密而导致空鼓;若砌块破损、断裂时,砌体墙本身有缝隙而导致抹灰面出现空鼓或裂缝。

（6）安装施工队伍,在墙上开挖线槽、施工洞,且填补方法不当。

（7）部分薄弱环节和剪力墙、柱、梁与砌体墙的交接处缺乏加强和构造措施,顶砖斜砌间隔时间过短,不满足规范要求,特别是梁底部位,由于砌体发生少许的沉降,使砌体墙与梁底分离形成裂缝;除此之外,砌体与混凝土各自收缩,形成裂缝。

（8）当抹灰墙面面积过大时,没有设置分格缝,导致面积过大,抹灰层收缩导致裂缝。

（三）处理方法

1. 墙面抹灰层空鼓开裂处理

当墙面抹灰出现空鼓时,抹灰空鼓处只能作返工处理。具体方法为:先将空鼓部分凿去,四周凿成方块形或圆形,并凿进结合良好处 30～50mm,边缘凿成斜坡形,用钢丝刷刷掉墙面松散灰皮。处理时,水泥采用硅酸盐水泥,严禁混用不同品种、不同强度等级的水泥,砂采用中、粗砂,过 8mm 孔径筛子,含泥量不大于 3%。底层表面适当凿毛或毛化,凿好或毛化后,将修补处周围 100mm 范围内清理干净。修补前一天,用水冲洗,使其充分湿润,一天内最好浇水湿润两次。修补时,先在底面及四周刷 801 胶素水泥浆一遍,然后分两次用和原面层相同材料的 1:2 水泥砂浆填补并搓平。

2. 剪力墙、梁、柱与砌体交接处空鼓开裂处理

当剪力墙、梁、柱与砌体交接处空鼓且裂缝过大时,先将开裂处抹灰层凿除,四周凿成方

块形,清理基层,将松动、疏松、脱落的砂浆清除干净,在不同材料基体交接处的表面重新粘贴钢丝网,之后才采用801胶素水泥浆的方法对墙面进行毛化处理,待毛化的砂浆终凝后,用水将墙面适当湿润,然后分两次用和原面层相同材料的1∶2水泥砂浆填补并搓平。

当剪力墙、梁、柱与砌体交接处没有空鼓且出现细小裂缝时,先将裂缝处四周切割成较整齐规则的平面,四周切割边切成向外约45°的斜口,宽度为沿裂缝两边各扩大10～15cm,只凿除面层,清除周围松动的砂浆,并用钢丝刷清理干净,然后用水湿润,然后挂纤维网片,采用素水泥浆修补抹平。

3. 线管开槽处出现裂缝处理

当线管开槽处出现裂缝时,由于线槽处裂缝较小,先将裂缝处四周切割成较整齐规则的平面,四周切割边切成向外约45°的斜口,宽度为2～3cm,剔除线管周围松动的砂浆,并用钢丝刷清理干净,然后用水湿润,采用抗裂砂浆分两次修补抹平。

第四节　地面类故障分析及处理方法

一、生产性用房地面裂纹故障分析及处理方法

(一)故障现象

生产性用房地面由于各种原因会出现不同程度的裂缝(图4-31)。

(二)故障原因分析

(1)基面原因。混凝土地面以下是混凝土的基面,基面的平整度决定了混凝土板块是否能够受力均匀,在遇到重型负载时,会不会出现板块厚度不一,承载力不一,导致受力强弱不同以致分界部分断裂。

(2)水泥问题。水泥是混凝土的主要组成成分,是混凝土强度的保证,如果采用过期水泥或不合格水泥产品,混凝土地面会非常容易出现开裂和起砂起尘的弊病。

(3)集料问题。混凝土中需要添加集料,主要为砂石,但集料选择很多,大小、材质都有不同。如果选用偏细小的砂石(比如用于表层的细石混凝土),会因为混凝土收缩性增大而导致容

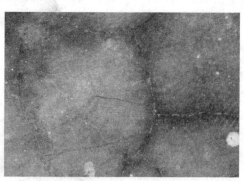

图4-31　混凝土地面裂缝

易起砂起尘。要减少混凝土起砂的可能性,应该尽可能选择干净、含活性氧化硅少、连续级配的材料。

（4）水灰比问题。水灰比过大,也就是相对水量过多,当水泥水化后,多余的水分需要蒸发,在混凝土表面产生气孔、裂缝等。

（5）温度的影响。由于混凝土不导热,散热慢,但温度整个上升并下降时,内部温度仍为高温,而混凝土外部温度已经散失。内胀外缩,混凝土地面就会因为温度变化会出现变形,特别是大面积混凝土,没有按标准切缝的情况下。

（6）养护问题。混凝土地面施工后,缺水的情况下会出现干缩反应导致开裂,所以需要保水养护,可以通过洒水,或者使用混凝土养护剂来预防表面裂缝。

（三）处理方法

（1）大于 2mm 的裂缝,应沿裂缝局部清除面层和防水层,沿裂缝剔凿宽度和深度均不小于 10mm 的沟槽,清除浮灰、杂物,沟槽内嵌填密封材料,铺设带胎体增强材料涂膜防水层并与原防水层搭接封严,经蓄水检查无渗漏,再修复面层。

（2）大于 0.5mm 小于 2mm 的裂缝,可沿裂缝剔除 40mm 宽面层,暴露裂缝部位,清除裂缝浮灰、杂物,铺设涂膜防水层,经蓄水检查无渗漏,再修复面层。

（3）小于 0.5mm 裂缝,可不铲除地面面层,清理裂缝表面后,沿裂缝走向涂刷两遍宽度不小于 100mm 的无色或浅色合成高分子涂膜防水层。

（4）地面倒泛水和地漏安装过高造成地面积水时,应凿除相应的面层,修复防水层,再铺设面层并重新安装地漏。地漏接口和翻口外沿嵌填密封材料时,应堵严。

二、石材铺贴

城市轨道交通车站常用预制水磨石块楼地面层、彩釉砖楼地面层、水泥花砖楼地面层、陶瓷砖楼地面层、青红砖楼地面层等。

（一）故障现象

常见故障有地砖空鼓、松动、翘起、破损等（图 4-32）。

（二）故障原因分析

1. 地砖本身质量问题

在地砖选择时,往往只是关注了地砖的花色、尺寸规格等表面现象,而忽视了对地砖密实度、收缩性、耐急冷急热性、吸水率等质量性能的要求,正是这些被忽视的性能对铺砖质量的影响是最大的。

图 4-32 地砖松动、翘起

2. 黏结砂浆原材料及配合比不当

铺地板砖时必须使用42.5级以上的水泥,所使用的砂子应是过滤过的中粗砂,并按1∶2配比。如果没有按规定施工,起黏结作用的水泥砂浆强度达不到要求,也会引起地板砖的空鼓、翘起、爆裂。

3. 施工工艺存在问题

(1)铺砌前对地砖没有经过浸水湿润,地砖表面吸水率达不到要求,铺砌时地砖吸收了水泥砂浆黏结层中水分的含量,导致结合处大量水分流失,降低了黏结砂浆的强度及黏结力。

(2)排砖方法有误。铺砖时为了美观而采用了不留缝的铺砖方法,或者较大面积铺设时未沿墙周边预留膨胀缝,由于地砖与基层及结构层的膨胀系数存在一定的差异,温度变化较大时,地砖产生的热胀力会逐渐破坏地砖与基层的黏结力,当热胀力大于黏结力时,不留缝的铺贴方法使得地砖的膨胀没有空间,最终造成地砖地面的爆起。

(3)铺砌大尺寸地砖时采用了湿铺法,对于大尺寸的地砖来说,湿铺法更容易产生空鼓与气泡,严重影响了地砖与基层的黏结力,同时,这些空隙中空气的热胀冷缩,也会对地砖的黏结力产生负面影响,使地砖更容易出现爆起情况。

4. 后期养护不当

正常情况下,地砖在铺装完毕后需要经过48h左右的养护期。此时砖体不能承重,特别注意不能在上面行走。如果水泥与砖体没有完全黏合固化好,承重之后的地砖在使用一段时间后,就可能出现翘起的现象。

(三)处理方法

1. 空鼓处理

用小锤轻轻敲击平面上的砖体,当你听到哐哐的、比较空洞的声音,证明地砖有空鼓现象,地砖空鼓则会导致起拱起翘,有损美观。针对空鼓面积的不同,我们可以做区别处理。

(1)边角空鼓

如果发现地砖边缘出现空鼓,可对边缘空鼓的部分进行浇灌处理(将地砖之间缝隙用小铲子砸开,然后把水泥兑水灌到缝隙里,空鼓地方会自动吸进去,直到灌满灌完凝固),避免整体更换。

(2)局部空鼓

地面的地砖出现少量的局部空鼓,如在不影响运营稳固的情况下,可以不予处理,但若是对安装和日常生活造成影响,建议把这局部的地砖敲掉重新铺贴。

(3)2/3面积空鼓

建议拆下来重新铺贴,此时铺贴使用的黏合剂尤为重要,若地砖面积较小,可以用益胶泥,它比水泥黏着性更强;单块地砖粘贴在平坦平面上,可以使用地砖胶或地砖粘贴剂;若是小面积范围的多片地砖，建议使用益胶泥比使用水泥更为恰当。

2. 脱落重贴

当地砖因为施工不当或者老化问题直接松动翘起时，如何将砖体再贴回去，除了必要的基本流程之外，根据残留墙面的砂浆情况也有不同的处理情况。

（1）砂浆未松动

若砂浆未松动，只是地砖松动，可以先把地砖背面和四周黏附的砂浆刮净，再用107胶掺入少许水泥搅成糊状，在地砖背面均匀地涂上薄薄的一层，稍后压紧地砖，即可粘牢。

（2）砂浆已剥落

若砂浆连同地砖一起翘起，要先在原基础面上轻轻凿些毛坑后，再用拌有107胶的砂浆重新镶贴，在基础面上刷一层后将脱落的地砖压上去，直至砂浆硬化。需要注意的是，若地砖仅是局部脱落，千万不可用力敲打基础面上的砂浆，以防震松周围原本牢固的地砖。

3. 饰面交接处脱开

旧地砖仍然完好，只不过与其他饰面交接处脱开，修补时可以先将接缝处砂灰剔除干净，然后注入环氧树脂胶黏剂（万能胶），晾干后再在接缝处用防水柔性嵌缝材料（如玻璃胶）进行嵌补。

4. 开裂修补

除了长年使用的原因，有时候硬物跌落、重物砸下来等意外情况也会导致地砖表面出现小裂纹裂缝等，不影响日常使用但却有碍美观，这种情况下我们也有简单有效的处理方法。

（1）可用地砖膏遮盖裂纹

首次地砖铺贴可使用地砖膏做填缝剂，它能够产生和地砖表面几乎一致光洁的视觉效果，而且有多色可选、坚硬耐磨，所以也可以用来修补明显的裂纹，起掩饰遮盖作用。

（2）硬物磕坏后用色粉调补

遇硬物不小心磕坏地砖表面导致划痕之类的问题时，如果认为换砖麻烦或者找不到相同款式的地砖，可以用云石胶加固化剂，用色粉调成接近的颜色，填到瓷面空缺处，硬化以后打磨抛光，不过这种做法可能会导致不同程度的色差问题。

（3）地砖裂缝建议凿砖另贴

如果砖片毁坏情况严重到出现裂缝了，建议直接换掉旧砖，凿砖时要小心，然后再粘一块同样的砖。修补松动翘起的地砖时要分外注意基面接触的去污洁净工作，清除浮尘；同时因为地砖首次铺贴前都要经过泡水，修补地砖时可以在其上浇水湿润，保证其黏结良好。不管是使用水泥还是专用地砖胶，上刷时均需要饱满均匀，要注意相邻地砖之间的水平、直角、维持平整，最后检查色泽、花纹是否一致，并且把地砖表面清理干净，最后进行填缝处理。充分排气后预留伸缩缝，用橡胶锤敲击修补砖体、充分排气，避免出现盆地状凹陷，造成地砖空鼓；另外若是大批地砖更换，铺贴时应预留2～5mm的伸缩缝。

三、防静电地板

城市轨道交通设备房间目前一般采用的是全钢防静电地板,安装在通信机房、信号机房、车控室、调度中心、售票问讯处等位置。规格有 600mm×600mm×30mm 和 600mm×600mm×50mm 两种,由地板、支撑、横托组成。

图 4-33　防静电地板破损掉块

(一)故障现象

防静电地板常见病害有表面不平整、掉角、缺棱、有摆动、有声响、地板下陷等(图 4-33)。

(二)故障原因分析

(1)重压造成地板下陷、掉角和缺棱。
(2)支架松动造成摆动、声响和表面不平整。

(三)处理方法

(1)首先按照设计图纸要求,事先把要铺设的活动地板的基层做好(大多是水泥地面或现制水磨地面等),基层表面应平整、光洁、不起尘,含水率不大于 8%。安装前应清扫干净,必要时,在其面上涂刷绝缘脂或油漆。房间平面如是矩形,其相邻墙体必须相互垂直。

(2)安装活动地板面层,必须待室内各项工程完工和超过地板面承载力的设备进入房间预定位置后方可进行,不得交叉施工,也不得在房间内加工。相邻房间内也应全部完工。

(3)架设活动地板面层前,要检查核对地面面层高程,应符合设计要求。在室内四周的墙上画出面层高程控制水平线。

(4)大面积架设前,应先放出施工大样,并做样板间,经质检部门鉴定合格方可组织按样板间要求施工。

(5)活动地板面层的骨架应支承在现浇混凝土上抹水泥砂浆地面或水磨石楼地面基层上,基层表面应平整、光洁、不起尘土,含水率不大于 8%。安装前应认真清擦干净,必要时,在其面上涂刷绝缘脂、清漆或防静电地板漆。

(6)根据房间平面尺寸和设备布置等情况,按活动地板模数选择板块铺设方向,具体有以下几种情况:如室内平面无控制柜等设备,平面尺寸又符合板块模时,宜由内向外铺设。如室内平面尺寸不符合板块模数时,应把室内 2 个方向平面中心线找出来。看两面尺寸相差多少,若相差的不明显宜由外向内铺设;如相差较大时,宜进行对称对格,由内向外铺设。如室内有控制柜等设备要留洞时,其铺设方向和先后顺序应综合考虑。根据上述选铺方法确定后,就要进行找中、套方、分格、定位弹线工作。既要把面层分格线画在室内四周墙面上(又叫面板控制位置控制线,便于施工操作控制用),又要把分格线画在基层上面,而且要尺寸正确、上下交圈对口,形成方格网并标明设备预留部位(此时应插入铺设活动地板下的管线，要注意避开已弹好标志的支架座）。

（7）活动地面层承载力还应小于 7.5MPa，系统电阻应为 105～1010Ω。板块面应平整、坚实，并具有耐用耐磨、防潮阻燃、耐污染、耐老化和导静电等特点，技术性能应符合现行国家标准。

（8）检查复核原室内四周墙上弹画出的高程控制线，按选定的铺设方向和顺序确定基准点，然后按基层已弹好标出位置在方格网交点处安放可调支座，架上横梁转动支座螺杆，先用小线和水平尺调整支座面高度至全室等高，待有钢支柱和横梁构成框架一体后，应用水平仪抄平。

（9）检查活动地板面层下铺设的电缆、管线，确保无误后才能铺设活动地面层。先在横梁上铺放缓冲胶条，并用乳胶液与横梁黏合。铺设活动地板调整水平高度以保证四角接触平整、严密，不得使用加垫的方法。铺设活动地板块不符合模数时，不足部分可根据实际尺寸将板面切割后镶补，并配装相应的可调支撑和横梁。

（10）切割边一般应用清漆或环氧树脂胶加滑石粉按设计要求比例调成腻子封边，也可采用防潮腻子封边。要求高的应采用铝型材镶嵌后方可安装。与墙边的接缝处，应根据缝隙宽窄分别采用活动地板或木条刷高强胶镶嵌，窄缝宜用泡沫塑料镶嵌。随后应检查调整板块水平度及缝隙。

（11）活动地板的品种、规格和技术性能必须符合设计要求，并符合施工规范和现行国家标准。活动地板安装完后行走必须无声响，无摆动，牢固性好。表面清洁，图案清晰，色泽一致，接缝均匀，周边顺直，板块无裂纹、掉角和缺棱等现象。各种面层邻接处的镶边用料及尺寸符合设计要求和施工规范规定，边角整齐、光滑。

防静电地板更换如图 4-34 所示。

图 4-34　防静电地板更换

第五节　天花常见故障分析及处理方法

城市轨道交通车站设备及管理区一般采用金属板（铝合金）吊顶，公共区一般采用 U 形挂片。

一、金属板吊顶

金属板的规格一般是 600mm×600mm×12mm，采用粘贴式和嵌装式。粘贴式用于噪电声较大的设备房，嵌装式用于车站管理用房。

(一)故障现象

通常会出现拼板处不平整、板变形和龙骨损坏或变形等通病(图4-35)。

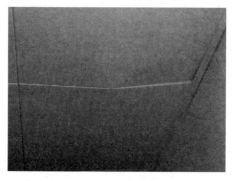

图4-35 设备区上方天花变形扭曲

(二)故障原因分析

(1)操作不认真,主、次龙骨未调平。
(2)由渗漏水或其他原因造成板潮湿引起变形。
(3)其他专业维修时造成的损坏或变形。
(4)龙骨与墙面间距偏大,致使吊顶在使用一段时间后,挠度暴露较为明显。
(5)粘贴式矿棉板由于原处理方法的问题造成脱落、空鼓。

(三)处理方法

(1)先安装主龙骨,并拉通线检查其是否平直,然后边安装板边调平,可满足板的平整度。使用专用工具和选用配套材料,减少原始误差和装配误差,以保证拼板处平整。
(2)铝合金板维修时,先清除脱落、倾斜的板,清理干净基层。
(3)有渗漏水的地方要先进行渗漏水堵漏处理,再进行吊顶的维修。
(4)积极与其他专业配合,尽量减少人为的损坏或变形。

二、U形挂片

U形挂片的规格是30mm×60mm,中心间距120mm。主要用于城市轨道交通车站的站厅、站台、通道天花。

(一)故障现象

由于各种原因造成吊顶不平、接缝明显或吊顶与设备衔接不好等通病。

(二)故障原因分析

(1)水平线控制不好,是吊顶不平的主要原因之一。这是由两方面因素引起:一是放线时控制不好、不准;二是龙骨未调平,安装施工时又控制不好。
(2)安装铝合金板的方法不妥,也是造成吊顶不平的原因,严重时会产生波浪形状。如龙骨未调平先安装板条,再进行调平,会使板条受力不均匀而产生波浪形状。
(3)轻质板条吊顶,在龙骨上直接悬吊重物,承受面发生局部变形。这种现象多发生在龙骨兼卡具这种吊顶形式。

(4)吊杆不牢引起局部下沉,因吊杆本身固定不妥,自行松动或脱落;或吊杆不直,受力后拉直变长。

(5)板条自身变形,未加矫正而安装,产生吊顶不平,此种现象多发生在长板条类型上。

(6)板条接长部位的接缝明显。表现在接缝不平,在接缝隙处产生错台。

(7)设备工种与装饰工种配合欠妥,导致施工安装后衔接不好。

(三)处理方法

(1)对于吊顶四周的高程线,应准确地弹到墙上,其误差不能大于±5mm。如果跨度较大,还应在中间适当位置加设控制点。在一个断面内就拉通线控制,线要拉直,不能下沉。

(2)待龙骨调直调平后方能安装板条,这是施工中既合理又重要的一道工序;反之平整度难于控制,特别是当板较薄时,刚度差,受到不均匀的外力,哪怕是很小的力,都极易产生变形。一旦变形又很难于在吊顶面上调整,只能取下调整。

①应同设备配合考虑,不能直接悬吊的设备,应另设吊杆,直接与结构顶板固定。

②如果采用膨胀螺栓固定吊杆,就做好隐检记录,如膨胀螺栓埋入的深度、间距等。关键部位还要做膨胀螺栓的抗拔试验。

③安装前检查板条平、直情况,发现不符合标准的,即时进行调整。

④如果孔洞较大,其孔洞位置应先由设备工种确定准确,吊顶在其部位断开。也可先安装设备,然后再吊顶封口。比如回风口等较大孔洞,一般均是先将回风篦子固定,这样做既能保证位置准确,也易收口。

⑤对于小面积孔洞,易在顶部开洞,这样不仅使吊顶施工顺利,同时也能保证孔洞位置准确,如吊顶的嵌入式灯口,一般就采用此法。开洞时先拉通长中心线,位置确定后,再用往复锯开洞。大开洞处的吊杆、龙骨应特殊处理,洞周围要加固。

三、乳胶漆平顶

(一)故障现象

乳胶漆涂刷常见的质量缺陷有起泡、泛碱掉粉、流坠、透底及涂层不平滑等。

(二)故障原因分析

(1)起泡:主要原因有基层处理不当,涂层过厚,特别是大芯板做基层时容易出现起泡。

(2)泛碱掉粉:主要原因是基层未干燥就潮湿施工,未刷封固底漆及涂料过稀也是重要原因。

(3)流坠:主要原因是涂料黏度过低,涂层太厚。施工中必须调好涂料的稠度,不能加水过多,操作时排笔一定要勤蘸、少蘸、勤顺,避免出现流挂、流淌。

(4)透底：主要是涂刷时涂料过稀、次数不够或材料质量差。

(5)涂层不平滑：主要原因是漆液有杂质、漆液过稠、乳胶漆质量差。

(三)处理方法

(1)起泡：防止的方法除涂料在使用前要搅拌均匀,掌握好漆液的稠度外,可在涂刷前在底腻子层上刷一遍108胶水。在返工修复时,应将起泡脱皮处清理干净,先刷108胶水后再进行修补。

(2)泛碱掉粉：如发现泛碱掉粉,应返工重涂,将已涂刷的材料清除,待基层干透后再施工。施工中必须用封固底漆先刷一遍,特别是对新墙,面漆的稠度要合适,白色墙面应稍稠些。

(3)流坠：如发生流坠,需等漆膜干燥后用细砂纸打磨,清理饰面后再涂刷一遍面漆。

(4)透底：在施工中应选择含固量高、遮盖力强的产品,如发现透底,应增加面漆的涂刷次数,以达到墙面要求的涂刷标准。

(5)涂层不平滑：要使用流平性好的品牌,最后一遍面漆涂刷前,漆液应过滤后使用。漆液不能过稠,发生涂层不平滑时,可用细砂纸打磨光滑后,再涂刷一遍面漆。

第六节　门窗类故障分析及处理方法

城市轨道交通车站采用的门主要有防火门（不锈钢防火门、钢制防火门）、卷帘门（防火防盗卷帘门和防火卷帘门）、人防门等。一般不锈钢防火门安装在车站站厅及站台的公共区,钢制防火门安装在车站设备用房和管理用房；防火防盗卷帘门安装在出入口,防火卷帘门安装在公共区物业区；人防门安装在出入口通道内。

一、防火门

(一)故障现象

防火门会出现变形、胶条脱落、空鼓、漏防火砂、开关门困难和门锁、门把手故障等各种故障。

(二)故障原因分析

(1)防火门的空腹密封性不好,防火砂吸潮膨胀造成防火门变形、空鼓。

(2)防火砂或吸潮后的防火砂漏到门配件的位置,造成门把手锈蚀损坏、门锁锈蚀损坏或门锁难开、插销锈蚀损坏等。

(3)螺钉锈蚀或松动,合页松动造成开关门时擦边,开关门困难。

(4)螺钉松脱造成门把手、拉手松动、脱落。

(5)门体及五金的质量差。设计或做工工艺差引起的各种故障。

(6)安装质量差。没有按规范安装引起的各种故障。

(7)人为破坏。工作人员使用不当造成的故障等。

(8)门体及五金使用频繁。

(三)处理方法

(1)检修时应检查门框扇有否变形、破损,锁扣、插销、闭门器、合页有否变形、残缺、断裂、脱落或生锈。

(2)安装前根据图纸,检查门框、扇的品种、规格、开启方向是否符合设计要求,保证扇与框、框与洞口的连接附件齐全、位置正确,并对其外形及平整度检查校正,合格后方可安装。

(3)装入洞口应横平竖直,外框与洞口应弹性连接牢固。安装密封条时应留有伸缩余量,一般比门的装配边要长 20~30mm,在转角处斜面断开,并用胶黏剂粘贴牢固,以免产生收缩缝。当用明螺钉连接时,应用与门颜色相同的密封材料将其掩埋密封。

(4)外框与墙体的缝隙填塞,应按设计要求处理,做到均匀密实、表面平整光滑(图4-36)。

a)钻孔　　　　　　　　b)固定填塞

图4-36　门体加固

(5)安装五金零件时,钻孔后用自攻螺钉拧入,不要直接锤击钉入,以防丝孔变形或出现滑丝现象。

(6)安装完后,门要开启灵活顺畅、关闭严密,无倒翘、阻滞及反弹现象。五金配件齐全,位置正确。同时也要注意保证外观质量:表面无划痕、碰伤、锈蚀;涂膜表面平整光滑、厚度均匀、无气孔等。

(7)对于卡死、锈蚀及损坏的机械锁和线圈烧坏、零件损坏的电控阴锁一般采用更换新锁的方式进行维修。

(8)更换电控阴锁之前应断掉电源或请求车控室将门禁设置为常开状态。

(9)防火门的质量标准和允许偏差应符合防火门安装的质量标准和允许偏差的规定见表4-2。

防火门安装的质量标准和允许偏差　　　　　表4-2

项次	项　目		允许偏差(mm)	检验方法
1	槽口宽度或高度	≤1500mm	±2.5	用钢卷尺检查
		>1500mm	±3.5	
2	槽口对角线尺寸之差	≤2000mm	≤5	用钢卷尺检查,量里角
		>2000mm	≤6	
3	框扇配合间隙	合页面	≤2	用2mm×50mm塞片检查,量合页面
		执手面	≤1.5	用1.5mm×50mm塞片检查,量框大面
4	框扇搭接量	实腹门窗	≥2	用钢针画线和深度尺检查
		空腹门窗	≥4	
5	框(含拼樘料)正、侧的垂直度		≤3	用1m托线板检查
6	框(含拼樘料)的水平度		≤3	用1m水平尺和楔形塞尺检查
7	门无下门槛时,内门扇与地面之间缝隙		4～8	用楔形塞尺检查
8	双层门内外框、梃(含拼樘料)的中心距		≤5	用钢板尺检查
9	横框高程		≤5	用钢板尺检查
10	竖向偏离中心		≤4	用线坠、钢板尺检查

(四)锁体更换

锁芯锁体更换(图4-37)步骤如下。

图4-37　更换锁芯

(1)准备好螺丝刀,锁体、锁芯(图4-38)。

(2)用螺丝刀将门内侧扣板两颗螺钉松开(图4-39)。

(3)将门外侧扣板、连接杆及门外把手取下来,用螺丝刀松开锁体中间固定螺栓(图4-40)。

(4)这时即可将门内侧扣板、锁芯取下来,同时更换新锁芯(图4-41)。

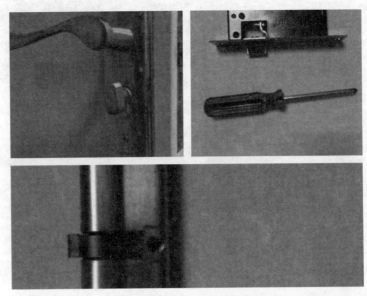

图 4-38　更换锁芯、锁体步骤 1

a）拆螺钉

b）拆把手

图 4-39　更换锁芯、锁体步骤 2

图 4-40　更换锁芯、锁体步骤 3

图 4-41　更换锁芯、锁体步骤 4

（5）松开锁体的两颗螺钉，然后向外拉锁体即可取出，同时更换新锁体（图 4-42）。

a) 拆锁体螺钉　　　　　　　　b) 拉出锁体

图 4-42　更换锁芯、锁体步骤 5

（6）更换新锁体后，再安装门内侧扣板、把手、锁芯，先紧固锁体中间的螺栓，后紧固锁体两边螺栓（图 4-43）。

（7）最后安装门外侧扣板并从门内侧紧固螺栓（图 4-44）。

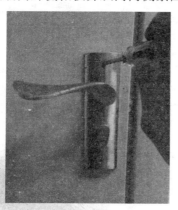 

图 4-43　更换锁芯、锁体步骤 6　　　图 4-44　更换锁芯、锁体步骤 7

二、卷帘门

（一）故障现象

卷帘门常见故障有电动机不动或转速慢、控制失效、手拉链不动、电机振动或噪声较大、门体帘片变形、导槽变形、断裂等。

（二）故障原因分析

1. 电动机不动或转速慢

此故障原因一般是线路断路、电机烧损、停止按钮未复位、限位开关动作、负载较大等。

2. 控制失效

故障发生的部位及原因：继电器（接触器）触点粘死；行程微动开关失效或触片变形；滑块紧定螺钉松动；靠板螺钉松动使靠板移位；导致滑块或螺母不能随丝杆转动而移动；限位器传动齿轮破损；按钮上下键卡死。

3. 手拉链不动

故障原因：环形链条堵住十字槽；棘爪无脱离棘轮；压链架卡死。

4. 电机振动或噪声较大

故障原因：刹车盘不平衡或断裂；刹车盘无紧固；轴承失油或失效；齿轮啮合不顺、失油或磨损严重；电机电流声或振动。

5. 门体帘片变形、导槽变形、断裂

故障原因：大风影响，门体跨度比较大，铝合金帘片被风吹起变形，向里边凹陷，造成门扇翘起脱离原轨道导槽，变形卡死；门体材质较薄，且帘片与帘片之间没有比较牢固的衔接方法、门体与转轴连接不牢固，导致卷帘门遇风雨天气极易发生变形故障（图 4-45）。

图 4-45 卷帘门门体变形

（三）处理方法

1. 电动机不动或转速慢

处理方法：检查线路并接通；更换烧损电机；更换按钮或重复按动几次；拨动限位开关滑块使它脱离微动开关触点，并调整微动开关位置；检查机械部分有无卡阻，若有则消除卡阻清理障碍物。

2. 控制失效

处理方法：更换继电器（接触器）；更换微动开关或触片；紧定滑块螺钉并使靠板复位；更换限位器传动齿轮；更换按钮。

3. 手拉链不动

处理方法：理顺环形链条；调整棘爪与压链架相对位置；更换或润滑销轴。

4. 电机振动或噪声较大

处理方法：更换刹车盘或重新调整平衡；紧固刹车盘螺母；更换轴承；修配电机轴输出端齿轮、润滑或更换；检查电机，如电机损坏则更换。

5. 电机安装及限位调试

（1）电机更换安装

电动卷帘门的电机与卷筒芯轴通过传动链条来连接，电机地脚用螺钉固定在链轮支架板上。更换电机前，必须将卷帘门降至最低端或用支架将卷帘门撑住，这是因为：①卷帘门

的制动是靠电机本体上的制动器来起作用,电机拆除后,卷帘门会因没有制动而自动下滑;②可以使传动链条放松,方便将链条取下。

更换电机的步骤:将电机接线做好标记然后拆除,将电机地脚螺钉拧松将传动链条摘下,最后将电机地脚螺钉拆除将电机取出;新电机安装顺序相反,但要注意,电机安装好后,其本体上的环形手拉链条应自然垂直向下,不得有卡阻现象。

(2)限位调试

电机更换完毕后,检查线路、机械均无问题,卷帘门下方无障碍物,门下禁止通行,确认后开始试车调试限位。卷帘门的限位机构是安装在电机外壳上,称为限位螺套滑块式。试机前应先松开限位机构上的锁紧螺钉,然后用手拉动环形链条使门帘离地面1m左右。先试"上""停""下"按键,观察卷门升、停、降各功能是否灵敏可靠,若正常即可将门帘上升或下降到确定的位置,然后旋转限位螺套,调整碰至微动开关滚轮,听到"滴答"声后,拧紧锁紧螺钉。反复调试,使限位达到最佳位置时,再将锁紧螺钉用力旋紧即可。

6. 更换卷帘门帘片作业

(1)作业前准备,风水电配合断电,开始作业。

(2)搭设脚手架。

(3)脚手架搭设完成后,拆除卷帘门包厢(图4-46)。

(4)拆除废旧卷帘门帘片。

(5)破拆导槽工作面。

(6)拼接、安装新帘片。

(7)升起新帘片,恢复包厢、导槽。

图4-46 卷帘门修复

第七节 车站附属类故障分析及处理方法

一、不锈钢玻璃栏杆故障分析及处理方法

车站不锈钢玻璃栏杆分布在付费区与非付费区之间、楼梯两侧、垂直电梯出入口等位置。

(一)故障现象

不锈钢玻璃栏杆常见故障:玻璃破碎、不锈钢及不锈钢配件脱焊和固件松动等(图4-47)。

图4-47 栏杆松动

（二）故障原因分析

（1）人为的破坏造成玻璃破碎、不锈钢脱焊，特别是垂直电梯出入口，一般人流量大的车站，经常有人坐在栏杆上造成不锈钢脱焊、不锈钢管破损等。

（2）使用频率过高造成边门铰链脱焊、损坏，插销脱焊、损坏等。

（三）处理方法

（1）施工前清理干净破碎的玻璃及玻璃碴，将残留的玻璃胶用美工刀剔除掉，保证更换新玻璃时无杂物阻挡。

（2）安装钢化玻璃时，玻璃框的顶面应留有适量缝隙，以防止不锈钢变形，损坏玻璃。

（3）用卡紧螺钉或压条镶嵌固定时，玻璃与不锈钢框架相接处，要衬橡胶垫或塑料垫。玻璃胶要填满缝隙，并要保证外观顺畅。

（4）用玻璃钉固定时，要注意拧玻璃钉的力度，力小容易松动，力大会损坏玻璃。

（5）安装好的玻璃应平整、牢固，不能有松动现象。

（6）将破损的不锈钢件分段或整条拆下进行更换。如只是铰链脱焊、插销脱焊等脱焊的故障，重新焊接打磨、抛光亮即可。

（7）焊前应检查钢材的质量和焊缝区处理的情况，如发现有影响焊接质量的缺陷，必须清除后再焊。

（8）当焊接、切割等作业可能损坏玻璃或其他设备时，应采取措施予以保护。

（9）焊条、焊丝、焊剂和施焊用的保护气体等，应参照原施工标准。

二、出入口钢架玻璃结构常见故障分析及处理方法

（一）故障现象

钢架玻璃结构工程分布在地铁各车站出入口。由于各种原因，地铁车站出入口钢架玻璃结构经常出现节点、杆件、连接件松动、松脱，钢化夹胶玻璃裂纹、破碎等病害。

（二）故障原因分析

（1）网架结构各部位节点、杆件、连接件的规格、品种及焊接材料不符合设计要求。

（2）人为的破坏致使钢化夹胶玻璃裂纹、破碎。

（3）偷盗造成的紧固件丢失。节点、杆件、连接件等配件松动、松脱等。

（三）处理方法

（1）焊接时应制定合理的焊接顺序，采取可靠的防止和减少焊接应力与变形的措施。焊

接前需将焊口两侧的油污、锈蚀、泥土、潮湿水气等清除干净,使表面露出金属光泽。当普通碳素钢厚度大于34mm和低合金结构厚度大于或等于30mm、工作地点不低于0℃时,应进行预热,其预热温度及层间温度宜控制在100～150℃,预热区应在坡口两侧各80～100mm范围内。工作地点温度低于0℃时,低合金结构钢厚度$t=25～28$mm;在0℃以下均需预热100～150℃。当采用手工焊接,风速大于10m/s时,采用气体保护焊;风速大于3m/s,或相对湿度大于90%,或雨雪天气,或焊接环境温度低于-10℃时,必须采取有效措施,确保焊接质量,否则不得施焊。在钢化夹胶玻璃旁焊接施工时,要注意玻璃的保护。

(2) 高强螺栓采用喷砂处理摩擦面,贴合面上喷砂范围应不小于$4t$(t为板厚)。喷砂面不得有毛刺、泥土和溅点,亦不得涂刷油漆;采用砂轮打磨时,打磨的方向应与构件受力方向垂直,打磨后的表面应呈铁色,并且无眼见明显不平。紧固时分二次拧紧(即初拧和终拧),每组拧紧顺序应从节点中心开始逐步向边缘(两端)施拧。整体结构的不同连接位置或同一节点的不同位置有两个连接构件时,应先紧主要构件,后紧次要构件。用电动扳手进行,扭剪型高强螺栓初拧一般用60%～70%的轴力控制,以拧掉尾部梅花卡头终拧结束。不能使用电动扳手的部位,则用测力扳手进行紧固。初拧扭矩不得小于终拧扭矩值的30%,终拧扭矩值M_a(N·m)应符合设计要求,并按式$M_a=(P+\Delta P)Kd$(式中:P——设计预拉力;ΔP——预拉力损失值,一般取设计预拉力值的5%～10%;K——扭矩系数;d——螺栓直径)计算。高强螺栓终拧后外露丝扣不得小于2扣。螺栓初拧、复拧和终拧后,要做出不同标记,以便识别,避免重拧或漏拧。

(3) 网架结构构件进行防腐处理前,应将表面锈皮、毛刺、焊渣、飞溅物、油污等清除干净。表面油污用汽油、苯类溶剂清洗干净。表面处理完后应立即刷好第一遍防锈底漆,以免返锈,影响漆膜的附着力。涂面漆时,须将黏附在底漆上的油污清除干净后进行,如底漆起鼓、脱落,须返工后方能涂面漆。涂漆每遍均应丰满,不得有漏涂和流挂现象,前一遍油漆实干后,方可涂下遍油漆。

(4) 用卡紧螺钉或压条镶嵌固定安装钢化夹胶玻璃时,每个卡紧位螺钉的拧进要均匀地进行,以免造成玻璃扭曲破碎。打玻璃胶前用防污纸对相关部位进行防污处理。

(5) 用于制作网架的焊接球节点、螺栓节点、杆件必须符合设计规定及相应材料的技术条件和标准。进场前须进行材料检验,其允许偏差及检验方法分别见表4-3～表4-5。

焊接球的允许偏差及检验方法　　表4-3

项次	项　目	允许偏差(mm)	检验方法
1	球焊缝高度与球外表面平齐	±0.5	用焊缝量规,沿周长等分取8个点检查
2	球直径≤300mm	±1.5	用卡钳及游标卡尺检查,每个球量测各向3个数值
3	球直径>300mm	±2.5	
4	球的圆度≤300mm	≤1.5	用卡钳及游标卡尺检查,每个球量测3对,每对互成90°,以3对直径差的平均值计
5	球的圆度>300mm	≤2.5	
6	两个半球对口错边量	≤1.0	用套模及游标卡尺检查,每球取最大错边处一点

螺栓球的允许偏差及检验方法 表4-4

项次	项目		允许偏差(mm)	检验方法
1	球毛坯直径(mm)	D≤120	+2.0 -1.0	用卡钳、游标卡尺检查
		D>120	+3.0 -1.5	
2	球的圆度(mm)	D≤120	1.5	用卡钳、游标卡尺检查
		D>120	2.5	
3	螺栓球孔端面与球心距		±2.0	用游标卡尺、测量芯棒、高度尺检查
4	同一轴线上两螺孔端面平行度(mm)	D≤120	0.20	用游标卡尺、高度尺检查
		D>120	0.30	
5	相邻两螺孔轴线间夹角		±30′	用游标卡尺、测量芯棒、分度头检查
6	螺栓端面与轴线的垂直度		0.5%r	用百分表

杆件允许偏差及检验方法 表4-5

项次	项目	允许偏差(mm)	检验方法
1	角钢杆件制作长度	±2	用钢尺检查
2	焊接球网架钢管杆件制作长度	±1	用钢尺及百分表检查
3	螺栓球网架钢管杆件成品长度	±1	
4	杆件轴线不平直度	L/100且≥5	用百分尺、V形块检查
5	封板或锥头与钢管轴线垂直度	0.5%γr	

（6）验收标准如下。

①结构验收标准见表4-6。

网架结构验收标准 表4-6

项次	项目		允许偏差(mm)	检验方法
1	拼装单位节点中心偏移		2.0	用钢尺及辅助量具检查
2	小拼单元为单锥体	弦杆长	±2.0	
3		上弦对角线长	±3.0	
4		锥体高	±2.0	
5	拼装单元为整榀平面桁架	跨度L ≤24m	+3.0 -7.0	
		跨度L >24m	+5.0 -10.0	
6		跨中高度	±3.0	
7		设计要求起拱 不要求起拱	+10±L/5000	

续上表

项次	项　目		允许偏差(mm)	检验方法
8	分条分块网架单元长度	≤20m	±10	用钢尺及辅助量具检查
		>20m	±20	
9	多跨连续点支承分条分块网架单元长度	≤20m	±5	
		>20m	±10	
10	网架结构整体交工验收时	纵横向长度	±L/2000 且 ≤30	用钢尺及辅助量具检查
11		支座中心偏移	±L/3000 且 ≤30	用经纬仪等检查
12	网架结构整体交工验收时	周边支承网架 相邻支座(距离L_1)高差	±L/400 且 ≤15	用水准仪等检查
13		周边支承网架 最高与最低支座高差	30	
14		多点支承网架相邻支座(距离L_1)高差	L/800 且 ≤30	
15		杆件轴线平直度	L/800 且 ≤5	用直线及尺量测检查

②行网架结构验收时应遵守《钢结构工程施工质量验收规范》(GB 50205—2001)、《钢结构工程质量检验评定标准》(GB 50221—2001)、《钢网架螺栓球节点》(JG/T 10—2009)、《钢网架焊接空心球节点》(JG/T 11—2009)及其他有关标准的规定。

三、导向标识常见故障分析及处理方法

(一)城市轨道交通导向标志和紧急疏散标识的分类和设置要求

1. 城市轨道交通导向标志

(1)城市轨道交通导向标志系统类型划分：

①按功能分类：导向类标志、确认类标志、宣传信息类标志、安全警告类标志、信息资讯类标志五种。

②按设置方式分类：悬吊式、挂墙式、落地式以及粘贴式四种。其中挂墙式又分为嵌入式和外挂式两种。

③按照明方式分类：照明和非照明两种。

(2)标志牌设置要求：

①出入口命名及时刻表牌：设置在城市轨道交通车站出入口外部。

②公告牌、安全警告牌等出入口标识：设置在城市轨道交通车站出入口内部。

③通道导向标志：设置在通道楼梯口上方居中位置，通道过长时要重复设置。

④站厅确认标志：设置在通道与站厅接驳处。

⑤顶篷式标志：设置在城市轨道交通车站出入口门亭及电梯亭。

⑥屋顶地徽：设置在城市轨道交通车站出入口门亭上方。

2. 紧急疏散标识

（1）本工程紧急疏散系统类型划分：

①按功能分类：疏散导流标志、疏散指示标志、安全出口标志三种。

a. 疏散导流标志——引导人流。

b. 疏散指示标志——指向最近安全出口。

c. 安全出口标志——确定安全通道出入口。

②按安装方式分类：悬挂式、嵌入式、粘贴式三种。

③按照明方式分类：电光源型、蓄光自发光型两种。

（2）紧急疏散标志设置要求：

①在站厅与出入口通道接驳处及出入口门亭处设置电光源型安全出口标志。

②通道地面设置蓄光型疏散导流标志。

③通道墙面设置电光源型安全疏散指示标志。

④出入口楼梯侧墙面上设置疏散标志牌。

⑤出入口楼梯踏步立面设置疏散导流标志。

⑥站台层楼梯口处及站厅层通道接驳处的安全出口与导向牌整合。

（二）导向标识常见故障分析

（1）地徽松动、晃动，设计地徽下方无螺钉空洞。

（2）地徽脱落，引导牌、地面导向标松动。

（3）地徽指示标方向错误。

（三）处理方法

1. 紧急疏散指示系统

（1）在站厅与出入口通道接驳处及出入口门亭处设置电光源型安全出口标志，悬挂式安装。其标志牌下边缘距地 2.5m。如图 4-48 所示。

（2）在地面设置蓄光型疏散导流标志（图 4-49），地面嵌入式安装。沿通道中心线或主要疏散路线设置；为了装饰美观、便于施工，地牌原则上设置在地面每块石材中心，原则上标志牌间距不大于 1m。

图 4-48　电光源型安全出口标志——自带蓄电池　　　图 4-49　地面疏散导流标志

（3）在墙面设置电光源型或蓄光自发光型疏散指示标志，在拐弯处墙面根据需要相应增设疏散指示标志，分隔间距设置为 9.6m；疏散指示标志上边缘距地面高度不大于 1m。楼梯侧墙面上的疏散标志牌,标志牌中心线距地面装饰完成面 300mm。如图 4-50、图 4-51 所示。

(4)在出入口楼梯踏步立面设置疏散导流标志(图 4-52),粘贴式安装。

图 4-50　墙面嵌墙式电光源型疏散标志　　图 4-51　粘贴式疏散指示　　图 4-52　楼梯踏步立面疏散导流标志

(5)采用粘贴工艺时,应符合下列要求:

①基层必须达到相关规范规定的强度要求,并要干燥透彻。

②基面必须平整、稳定,并清理干净。

③应在标志背面均匀涂覆胶贴剂固定牢固。

(6)采用镶嵌工艺时,应符合下列要求:

①宜在镶嵌面予留出基槽。

②基槽镶嵌面基层要处理成粗糙面。

③基槽内部必须清理干净并要充分湿润,但不得积水。

2. 导向标识系统

(1)屋顶地徽标志安装:

顶棚式:设置在城市轨道交通车站出入口门亭顶部。

安装方式:落地式。在支柱底部焊接固定法兰盘,法兰盘的厚度≥100mm。法兰盘与杆体之间设有加强筋。

(2)吊挂式标志牌安装:

采用悬挂工艺时,吊杆一般固定在楼板底面的混凝土层。如有其他设备而无法在楼板面固定时,则考虑固定在吊顶龙骨或设备共用吊挂系统上。根据现场实际情况,配合设计单位深化吊装固定方案。

(3)安装注意事项:

①标志系统所有标志灯箱及导向牌的安装应牢固、拆装方便。

②防止金属构件在运输、装卸和存储过程中变形。

③防止裸露出来的表面被损坏面产生毛刺、凹凸等。

④不要与泥浆、灰土、石膏和水泥相接触。

⑤尽可能保留覆盖层并保持干燥。

⑥在油漆期间要防止污染玻璃和塑料板。

⑦标志系统需妥善密封,防止灰尘进入。

⑧当地面疏散导流标志设置与盲道设置冲突时,应对盲道或疏散路线做相应调整。

第五章　城市轨道交通建筑结构典型故障

> **岗位应知应会**
>
> 通过对常见故障案例的分析，从故障的处理过程中学习经验，在今后工作中遇到该类故障时能够及时做出正确响应。
>
> **重难点**
> 重点：常见故障的处理方法以及原因分析。
> 难点：房建结构典型故障的处理程序。

第一节　设备区通道门变形故障

一、故障现象

某站厅 A 端设备区通道门门体发生变形，无法闭合（图 5-1）。

二、故障影响

经现场确认，该站厅 A 端设备区通道门门体发生倾斜隆起错位变形，无法闭合，导致该处通道门无法正常开闭，影响设备区通道的使用。

三、处理过程

（1）对该故障进行现场确认，门体发生隆起变形，需予更换。

（2）门体更换，故障修复，消除故障（图 5-2）。

①拆除原有门体，拆除时注意墙体、墙面保护。

②新门体运输时，采取保护措施，防止变形。

图 5-1　设备区通道门门体变形

③安装过程中,注意上下轴在同一条线上。
④调试完成后,膨胀螺栓固定牢固。
⑤门框周围用砂浆填实,恢复墙面。

四、原因分析

故障发生的主要原因归结如下:

(1)车站操作不当:车站其他专业人员为搬移设备之便,前期与施工单位沟通,将门体下方门槛私自切除,造成门体结构不稳固,存在变形隐患;设备区搬运作业频繁,小推车等重物时常碰撞门体,对门体造成了破坏。

图 5-2 门体变形维修现场

(2)通道门门体质量问题:门体框架固定不牢,受外力作用后发生变形。

五、采取措施

此次故障发生以后,采取了如下处理措施:
(1)及时开展抢修。
(2)通知、督促通道门门体厂家提供备用门体,并指派专业技术人员配合作业人员进行更换。
(3)更换完成后,经沟通,厂家对该类门体的正确操作进行了技术指导,并同意备存替换门体。

第二节 隧道渗漏水故障

一、故障现象

出段线某处隧道拱顶漏水呈线状。

二、故障影响

受故障影响入段线某处接触网上有滴水,可能影响接触网正常使用。

三、处理过程

（1）抢修人员进入区间确认现场情况。

（2）分析水源，确认漏水原因，原因为地表定向钻施工钻破市政污水管道，污水下渗至出入段线某变形缝处引起的渗漏水。

（3）现场抢修人员对某变形缝处增加的导流槽，做好临时处理（图5-3）。

图5-3　隧道顶导流槽安装

①安装不锈钢引水槽（仅能作为处理盾构隧道漏水故障临时措施），自上而下，先拱顶后侧墙。

②不锈钢引水槽每隔30cm左右两边先用剪刀剪个开口，不锈钢引水槽预弯与隧道形状大致一样，将不锈钢引水槽与变形缝压密贴，用油压钻钻孔（8mm或10mm）按梅花形布置，再用膨胀螺栓（8mm或10mm）拧牢固。

③安装完成后在不锈钢引水槽的两边再涂抹聚硫密封膏。

（4）后续对零星渗漏点进行注浆堵漏（图5-4）。

①用油压钻在变形缝两边30°～45°角钻斜孔，孔径13mm、孔深25cm左右、孔距20～30cm，钻完孔后用清水冲洗干净孔内的粉末。

图5-4　隧道拱顶注浆堵漏

②待快速堵漏水泥强度达到 70% 后方能开始注浆作业,注浆前应带好护目镜以防浆液飞溅伤眼。

③用高压灌注机连接杆组上的牛油头接在注浆嘴上。

④注浆时打开连接杆组开关进行注浆,注浆压力控制在 0.2～0.5MPa,压力达到 0.5MPa 应稳压 3～5min。

四、原因分析

本次发生渗漏水的部位位于入段线某里程附近拱顶及拱腰位置,通过现场情况查看及设计图纸对照分析有以下几个方面的原因:

(1)地面轨道交通保护区有电力管线定向钻施工,但未按照保护区施工的相关规定实施,导致钻破市政污水管道,污水下渗至地铁隧道范围,是本次渗漏水的源头。

(2)质量问题:此处渗漏水位于车站与区间交接部位,防水薄弱环节,变形缝密封不严,附近施工缝防水薄弱,是本次渗漏水的次要原因。

五、采取措施

针对此次渗漏水故障的发生,采取如下处理措施:

(1)加强区间隧道结构防水薄弱环节的排查,尤其对于车站与区间交接部位、变形缝部位等,对存在渗漏水的部位及时维护。

(2)加强保护区地面巡视,及时发现保护区内可能影响隧道结构安全的施工,及时上报,必要时暂停施工。

(3)加强土建防水工程施工质量的过程控制,针对车站与区间交接部位、结构变形缝等防水薄弱环节,重点监测,发现渗漏水隐患,及时处理,以消除运营期风险。

第三节 库顶采光板脱落故障

一、故障现象

车辆段某库房北端库顶采光板脱落(图 5-5)。经现场核实,需重新加工材料,进行更换。

图 5-5 库顶采光板脱落

二、故障影响

时逢雨季,库顶采光板的脱落,造成恶劣天气下雨水从库顶灌入,影响库内设施设备的正常工作。

三、处理过程

为防止雨水继续灌入库内,开展抢修对脱落部位进行了临时封堵,而后更换新的采光板。具体方案如下:

(1)屋面板到位后,首先用吊车将板吊装到屋面,然后人工滑移到位置。

(2)屋面板安装前,将原位置的板间隙清理干净,并依据原板的位置拉出基准线,沿基准线控制安装。

(3)屋面板安装时,首先确定安装起始点,确定好安装方向,接着将第一块板安装就位,并用自攻螺钉将其紧固于檩条上。要保证与檩条垂直。第一块板安装完后,接着安装第二块板、第三块板……具体每块板的安装就按下述要求进行(图 5-6):

①先把板材放平直并搭接好,然后用自攻螺钉将其与檩条紧固,自攻螺钉必须垂直于板面,纵横向的螺钉必须呈一直线,并必须安装到位,松紧程度适当;两块平行板的边缘应完全接触,并且平直,从而保证良好的防水性能。

②先安装第一排(沿排水方向最下面一排),施工时按前述要求从左到右进行。 安装时再把留下的上板与第一排板搭接,搭接处用铝拉铆钉拉住。

③在安装过程中,要充分注意搭接部分的防水处

图 5-6 屋顶面板更换

理。板安装搭接长度为 200～300mm，具体取决于排水坡度。用铆钉紧固，铆钉间距≤300mm。

④用同样方法安装后面的板。安装完成后，用胶密封严密。

四、原因分析

本次屋面故障发生于库顶采光板处，通过现场排查分析，有以下几个方面的原因：

（1）施工单位施工成品保护意识不强，车辆段库顶屋面为不上人屋面，在已安装屋面上堆放材料、行走作业等造成了板材裂损。

（2）板材安装质量不甚牢固，在恶劣天气作用下易发生松脱。

五、采取措施

针对此次库顶采光板故障的发生，采取如下处理措施：

（1）加强巡检排查，及时发现库房屋面故障隐患，及时处理，防止恶劣天气下紧急状况的发生。

（2）加强管理，提高土建单位施工质量控制和成品保护意识，保证库顶屋面在城市轨道交通运营期间的良好工作状态。

第六章　城市轨道交通建筑结构变形监测

> **岗位应知应会**
>
> 1. 了解城市轨道交通建筑结构变形监测的分类及特点。
> 2. 了解城市轨道交通建筑结构变形监测常用的仪器及监测方法。
> 3. 掌握城市轨道交通长期监测和监护监测的区别。
> 4. 了解城市轨道交通监测的预警管理和信息反馈。
>
> **重难点**
>
> 重点：城市轨道交通不同监测类型的布点原则及监测频率。
> 难点：监护监测的频率根据施工阶段调整。

第一节　变形监测概述

一、变形监测的目的

变形监测是利用测量仪器或专用仪器对变形体的变化状况进行监视、监测的测量工作。其目的是掌握建筑物的实际性状，科学、准确、及时地分析和预报工程建筑物的变形状况，及时发现变形造成的安全隐患，采取有效控制措施。

城市轨道交通建筑结构变形监测的目的是及时掌握城市轨道交通主体结构的变形情况，保证城市轨道交通既有结构及其设施得到妥善保护，避免受到在城市轨道交通既有结构周边（包括其上、下）进行的工程、作业等外部活动的不利影响。施工对城市轨道交通既有结构会产生局部不均匀变形影响，而结构的不均匀沉降变形，对城市轨道交通安全威胁最大。周边一些大型市政、工民建工程施工，会对既有城市轨道交通产生偏载，对既有结构产生扰动，引起既有城市轨道交通结构沉降、上浮、水平位移、倾斜等。城市轨道交通建筑结构监测发现既有结构本身由于地基的变形及内部应力、外部荷载的变化而产生结构变形和外部施工影响的结构变形，及时采取有效控制措施，从而保证城市轨道交通既有结构的安全和正常使用。

二、变形监测的意义

变形监测工作的意义主要表现在两个方面：首先是掌握工程建筑物的稳定性，为安全运行诊断提供必要的信息，以便及时发现问题并采取措施；其次是科学上的意义，包括从根本上理解变形的机理，提高工程设计的理论，进行反馈设计以及建立有效的变形预报模型，为今后类似工程提供借鉴、依据和指导作用。

城市轨道交通建筑结构变形监测的意义是通过对轨道交通工程结构的监测，及时发现线路结构变形情况，分析引起变形的原因，以便采取有效的控制措施，为运营期轨道交通结构安全提供技术参数和决策依据。通过监测了解地下工程规律和特点，为今后类似工程或该工法本身的发展提供借鉴、依据和指导作用，为后续相关工程设计、施工提供资料。根据隧道结构的变形监测数据，分析隧道长期运营、隧道周边工程活动等情况下的隧道结构稳定情况，必要时为轨道纵断面调整等线路养护提供基础数据。

三、变形监测的对象

变形监测的研究对象即变形体的范畴可以很大，可以包括全球性和区域性的变形体，也可以小到一个工程建（构）筑物。工程变形监测涉及的变形监测对象主要包括以下两类：

(1) 局部性的变形监测，是监测工程建筑物及其场地的沉降、水平位移、挠度和倾斜等。

(2) 区域性的变形监测，是对城市、工矿区等区域性地面沉降的监测。

目前，有代表性的变形体有高层建筑物、大坝、桥梁、边坡、隧道和城市轨道交通等。

城市轨道交通线路结构监测应包括隧道结构、混凝土道床、单体建筑等沉降、水平位移、收敛和现场巡视观察。城市轨道交通建筑结构变形监测应保持施工阶段监测项目的延续，且监测数据应保持其连续性。城市轨道交通建筑结构监测项目的选择应在监测对象确定的基础上，综合考虑工程地质条件与水文地质条件、工程规模与施工技术难点（围护结构形式、施工方法、埋深等）及周边环境条件等因素，同时兼顾经济性的要求，根据设计要求和工程实际情况选择。遇不良地质地段、发现变形较大地段及其他需要重点关注的地段，应按要求加测监测项目、加密监测点并加密监测次数。

四、变形监测的特点

与工程建设中的地形测量和施工测量相比，变形监测具有以下特点：

(1) 重复观测。这是变形监测的最大特点。重复观测的频率取决于变形的大小、速度以及观测目的。第一次观测称为初始周期或零周期观测。每一周期的观测方案如监测网的图形、使用仪器、作业方法乃至观测人员都要尽可能一致。

(2) 精度高。相比其他测量工作，变形观测精度要求高，典型精度要求达 1mm 或相对

精度达到 10^{-6}。但对于不同的任务或对象,精度要求有差异,即使对于同一建筑物的不同部位,观测精度也不尽相同。

(3)需要综合应用多种测量方法。由于各种测量方法都有优缺点,因此根据工程的特点和变形监测的要求,综合应用地面测量方法(如几何水准测量、三角高程测量、方向和角度测量、距离测量等)、空间测量技术(如 GPS 技术、合成孔径雷达干涉等)、近景摄影测量、地面激光雷达技术及专门测量手段,可以起到取长补短、相互校核的目的,从而提高了变形监测精度和可靠性。

(4)变形监测的数据处理要求更加严密,变形监测数据处理和分析中,经常需要多学科知识交叉配合,才能对变形体进行合理的变形分析和物理解释。

第二节　变形监测的分类及特点

城市轨道交通建筑结构监测按监测周期分为长期监测和监护监测两大类:长期监测主要采用"定期体检"的方式,监测主体结构随所在的地层变化引起的隆沉和城市轨道交通运营引起的断面结构变形,主要监测内容为垂直位移监测、水平位移监测和隧道断面收敛变形监测。监护监测是在城市轨道交通保护区范围内(通常隧道段结构边线两侧范围为 50m,高架段范围为 30m)进行各种工程施工时,为了及时了解施工活动对轨道交通结构的影响程度、确保城市轨道交通结构安全,而依法进行的施工影响范围内的轨道交通结构的监护监测。主要监测内容包括沉降监测、位移监测、断面结构收敛变形等。

一、长期监测

地铁变形影响因素较复杂,盾构机施工扰动、列车振动、地面超载和卸荷、穿越工程施工扰动、环境变化等多种影响因素均引起土体结构破坏、重组、结构变形等。因此通过长期监测地铁结构变形,掌握地铁隧道的变形规律,研究导致隧道沉降因素及影响效应,对隧道安全进行正确评估和预测并预先提出控制地铁隧道沉降和差异沉降的措施具有重大意义。对城市轨道交通的安全运营,必须及时掌握变形情况,为后续的维护提供及时的信息资料。

(一)监测频率

根据相关规范要求及线路的结构形式、地质及环境条件,结合运营安全的管理要求,对刚投入运营的新线路和非稳定区段来讲,线路运营第一年内的沉降监测频率宜每 3 个月监测 1 次,一次水平位移和收敛监测;第二年沉降监测频率宜每 6 个月监测 1 次,一次水平位移和收敛监测;以后沉降监测频率宜每年监测 2 次(具体根据监测数据稳定情况综合确定),

一次水平位移和收敛监测;对局部异常地段重点监测,根据具体情况一年多次。

试运营期开始前测取初始值,初始数据的测试次数应按规范要求不少于3次,取平均值。如遇沉降速率过大或发生异常情况时可进行加密观测,以便及时采取变形控制措施来确保行车安全,并对变形活跃的区段根据需要及相关论证,可以考虑将沉降观测时间间隔定得比其他区段要小,当采取沉降控制措施,沉降趋于相对稳定后,再可考虑将该区段的观测周期与全线相同。

(二)监测点布设原则

监测点为永久设施,监测点选用优质的不锈钢或铜质材料制作。其位置应根据结构特点、施工工法、工程地质条件及环境条件等进行布点。监测点应稳固、明显、结构合理,且不影响轨道交通的正常运营,正常维修不影响监测点位置变化。监测点应避开障碍物,且便于观测和长期保存。车站内左右线的沉降监测点应设置在同一横断面上,以便判断车站结构横向沉降差异和倾斜程度。

根据《城市轨道交通工程监测技术规范》(GB 50911—2013)及特殊区段关注要求,监测点布设一般应符合下列规定:

(1)在直线地段宜每100m布设1个监测点。

(2)在曲线地段宜每50m布设1个监测点,在直缓、缓圆、曲线中点、圆缓、缓直等部位应有监测点控制。

(3)道岔区宜在道岔理论中心、道岔前端、道岔后端、辙叉理论中心等结构部位各布设1个监测点,道岔前后的线路应适当加密监测点。

(4)线路结构的沉降缝和变形缝,车站与区间衔接处,区间与联络通道衔接处,附属结构与线路结构衔接处应有监测点或监测断面控制。

(5)隧道、高架桥梁与路基之间的过渡段应有监测点或监测断面控制。

(6)地基或围岩采用加固措施的轨道交通线路结构或附属结构部位应布设监测点或监测断面。

(7)线路结构存在病害或处在软土地基等区段时,应根据实际情况布设监测点。

具体的监测点埋设规则应按照当地的实际地质情况确定,不同的监测内容应根据具体的监测方法确定监测点的安装位置。

(三)长期监测和定期结构检查相结合

城市轨道交通结构变形监测和结构状况检查结果的反馈,可以评估其是否满足城市轨道交通保护技术标准和运营安全的要求。通过检查摸清城市轨道交通结构状况,对整体道床与隧道结构脱开、管片碎裂、结构(包括环缝、纵缝、联络通道、注浆孔等部位)渗漏水等病害现象做图文记录(图6-1);通过测量手段掌握城市轨道交通结构变形(垂直位移、水平位移、管径收敛)的最新资料,与历史资料做比较后归纳出变形异常的区段,综合分析原因及预测发展趋势。

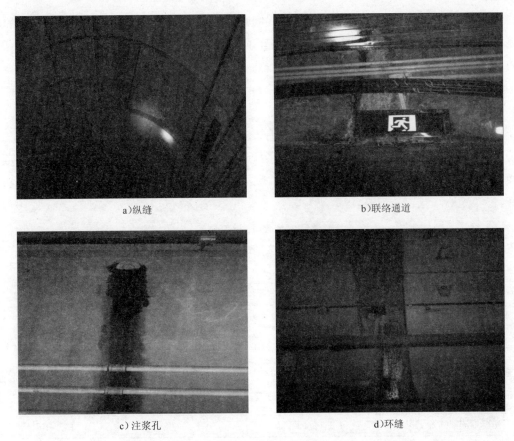

图 6-1 结构病害形式

二、监护监测

《城市轨道交通运营管理办法》第二十条、二十一条明确规定了城市轨道交通安全保护区范围为：地下车站与隧道周边外侧 50m 内；地面和高架车站以及线路轨道外边线外侧 30m 内；出入口、通风亭、变电站等建筑物、构筑物外边线外侧 10m 内。在城市轨道交通安全保护区内进行新建、扩建、改建或者拆除建筑物、构筑物；敷设管线、挖掘、爆破、地基加固、打井；在过江隧道段挖沙、疏浚河道；其他大面积增加或减少载荷的活动等作业的，作业单位应当制订安全防护方案，在征得运营单位同意后，依法办理有关行政许可手续；作业穿过地铁下方时，安全防护方案还应当经专家审查论证。监护工程施工时，需对地铁进行监护监测，以便及时了解施工对地铁的影响程度，确保地铁安全。

监护监测是城市轨道交通保护工作的一个重要部分，具有监测范围小、数据实时和精度要求高、变形及过程不可复现、作业环境困难、隧道内无稳定的基准点、工程多样性及对地铁影响程度的不同等特点。监护监测目前主要进行沉降监测、水平位移监测、隧道收敛监测等几个方面。监测项目依据外部施工对轨道交通影响程度的不同可以采用人工监测和自动化监测两种方式。人工监测是采用人工的方式低频率进行数据采集。自动化监测是将自动化监测设备安装在监测区域范围内进行无人值守的高频率自动数据采集,从而达到实时监测的目的。

(一)监测频率

轨道交通既有结构的监测频率应由设计单位根据设施保护需要、新建工程性质、施工工况确定,应满足监测信息能够及时、准确、系统地反映监测对象变化规律以及各监测项目之间的内在联系,宜根据变化量的大小与工况采取定时监测,可以参考表6-1、表6-2进行选择。

监测频率表(基坑工程)　　　　　　　　　　　　　　　　表6-1

施工工况＼监测线路	运营线路		非运营线路
	人工监测	自动化监测	人工监测
施工前	完成初始数据采集	完成初始数据采集	完成初始数据采集
开挖前	1次/周	1次/天	1次/周
靠轨道侧围护结构施工	2～3次/周	3次/天	1次/天
开挖～底板浇筑后7d	2～3次/周	3次/天	1次/天
底板浇筑后7d	1次/周	1次/天	1次/周
建筑物封顶之前	1次/2周	1次/天	1次/2周
滞后观测期(6个月)	1次/4周	1次/天	1次/4周

注:发生异常情况或现场工况(如支撑拆除、靠轨道侧围护施工等)需要时,应加密监测频率。

监测频率表(上、下穿隧道工程)　　　　　　　　　　　　表6-2

施工工况＼监测线路	运营线路		非运营线路	
	人工监测	自动化监测	人工监测	自动化监测
穿越前监测范围(30m)	1～2次/周	3次/天	1次/2天	3次/天
穿越段监测范围(50m)	2～3次/周	6次/天	3次/天	6次/天
穿越后监测范围(50m)	1～2次/周	3次/天	1次/2天	3次/天
跟踪监测(2～3个月)	1次/2周	1次/天	1次/2周	1次/天

注:1.具体监测范围应根据实际影响范围确定。

2.发生异常情况或现场工况(如支撑拆除、靠轨道侧围护施工等)需要时,应加密监测频率。

3.若既有隧道的变形未稳定,应延长跟踪监测时间。

(二)监测点布设原则

根据既有轨道交通自身的不同特点以及新建轨道交通对其影响的程度,结合既有结构的现场调查、评估结果和专项设计要求,有针对性地确定既有交通监测布点方式。

(1)既有轨道交通结构竖向位移、水平位移和净空收敛监测应按监测断面布设,在隧道结构顶部、两边侧墙均应布设监测点。

（2）施工直接影响区域一般按照 5～10m 一个监测断面布置，非直接影响区按 10～20m 一个断面布置。

（3）监护监测的作业一般要求人工监测与自动监测互相检核，以及对自动监测基准点的复核作业。

（4）基准点必须设置在远离变形区稳定性能达到要求的部位。

（5）附属结构监测根据结构形式及现场需要进行布设。

（6）既有轨道交通高架桥结构监测点布设与相关桥梁监测的要求一致。

（7）城市轨道交通地面线和既有铁路的路基竖向位移监测根据实际需要布设监测断面，每个监测断面每条轨道下方的路基及附属设施均应布设监测点。

（8）整体道床或轨枕的竖向位移监测应按监测断面布设，监测断面与隧道结构或路基竖向位移监测断面宜处于同一里程。

（9）既有轨道交通附属设施监测点布设可按照建筑物的相关规定执行。

（10）既有轨道交通隧道结构、轨道结构的裂缝监测与建（构）筑物的要求相一致。

（11）既有轨道交通宜采用远程自动化监控系统进行监测。

（12）除轨道交通结构变形监测外的监测点布设应按照相关规范规定适当加密执行。

（三）监测的预警管理和信息反馈

轨道交通结构监测管理应根据《城市轨道交通结构安全保护技术规范》（CJJ/T 202—2013）要求执行，根据当地实际情况监测安全控制标准或执行城市轨道交通公司、运营部门、设计单位、安全评估等单位提供的安全控制标准值。经过专项评估后出具专项控制标准的，以评估标准控制。监测预警管理应按表 6-3 执行。

监测预报警管理表　　　表 6-3

监测预警等级	监测比值 G	应对管理措施
A	$G < 0.6$	可正常进行外部作业
B	$0.6 \leqslant G < 0.8$	监测报警，并采取加密监测点或提高监测频率等措施加强对城市轨道交通结构的监测
C	$0.8 \leqslant G < 1.0$	应暂停外部作业，进行过程安全评估工作，各方共同制定相应安全保护措施，并经组织审查后，开展后续工作
D	$G \geqslant 1.0$	启动安全应急预案

注：1. 监测比值 G 为监测项目实测值与结构安全控制指标值的比值。

2. 当每天的变化速率值连续 3 天超过 2mm 时，监测预警等级应评定为 C 级。

监护监测工作必须建立完备的管理制度和信息反馈制度，建立及时和畅通的信息沟通渠道。在监测工作中，监测组应与相关单位和人员密切配合，并应保证监测方案的合理性、监测数据的真实性、测点和仪器的稳定可靠性、数据处理和反馈的及时性以及监测周期的完整性。为确保工程施工顺利、安全工作平稳可控，业主、监测单位及各参建单位设置专人负责及建立信息联动机制，从而实现施工信息化及动态管理。

第三节 变形监测设备与方法

参考《国家一、二等水准测量规范》(GB/T 12897—2006)、《城市轨道交通工程测量规范》(GB 50308—2008)、《城市轨道交通工程监测技术规范》(GB 50911—2013)等国家规范,根据作业内容及保护区内工程施工时对轨道交通设施的影响程度,选择自动或常规监测系统,运用 Leica 系列全站仪、激光断面仪、高精度电子水平尺、Basset 自动测量系统等目前国内最先进的高科技设备和仪器,对地铁结构及其附属设施或高架结构的垂直沉降、水平位移、管径变化及隧道内环、纵缝变化作精确测量,针对将达及已达报警值的参数提出防治措施,严重的上报有关部门。

一、常规监测仪器及方法

(一)沉降测量

使用 Leica DNA03、NA2+GPM3 光学水准仪和 Trimble DINI 系列电子水准仪进行沉降测量。如图 6-2 所示。

a)Leica DNA03　　　　b)Leica NA2+GPM3 测微器　　　　c)Trimble DINI 系列

图 6-2　沉降测量常用设备

测量方法:在远离影响范围以外布置 3 个以上稳固高程基准点,这些高程基准点与施工用高程控制点联测,沉降变形监测基准网以上述稳固高程基准点作为起算点,组成水准网进行联测。

(二)位移测量

当需要测定变形体某一特定方向的位移时,常使用视准线法或小角度法。

测量方法:如图 6-3 所示,如需观测某方向上的水平位移 PP',在监测区域一定距离以外选定工作基点 A,水平位移监测点的布设应尽量与工作基点在一条直线上。沿监测点与基准点连线方向在一定远处(100~200m)选定一个控制点 B,作为零方向。在 B 点安置觇牌,用测回法观测水平角 $\angle BAP$,测定一段时间内观测点与基准点连线与零方向间角度变化值，根据 $\delta=\Delta\beta\times D/\rho$（式中：$D$ 为观测点 P 至工作基点 A 的距离，$\rho=206265$）计算水平位移。

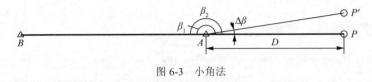

图 6-3　小角法

（三）收敛测量

使用收敛计（图 6-4）固定测六条边相对变化的方法进行隧道断面变形测量。

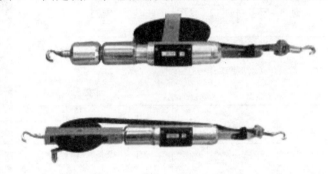

图 6-4　收敛计

测量方法：在隧道断面上对称布设 4 个测点，形成一个四边形，定期量测 4 条边和 2 条对角线，观测其相对的距离变化。收敛计测量法是收敛监测的传统方法，虽然精度较高、硬件成本低，但是无论采用何种收敛计，对于大断面隧道，经常需要平台车上工作，操作相对不便。

（四）隧道激光断面测量

隧道管片结构变形测量可采用隧道激光断面仪（图 6-5），其原理主要是通过发光二极管发射激光到隧道衬砌面，由激光接收器接收反射光，利用激光所走行程的时间差来求取隧道管片面上的测点到仪器中心的实际距离。

测量方法：测量时在隧道中用全站仪或经纬仪放出隧道中轴线，在中轴线要检测断面处设置基准点，测出其高程。仪器架设后，对中整平，确定测量断面所在的平面，开始测量后，仪器能自动测量仪器中心相对于基准点的高度。

将激光断面仪定位于隧道的轴线点上，调试仪器使得测量头处于垂直于隧道轴线处的位置。设置好隧道断面的起始、终止测量角度及所测点数后，软件控制测头自动完成当前断面的测量。

图 6-5　隧道激光断面仪

二、自动化监测设备及监测技术

(一)电子水平尺自动监测系统

电子水平尺由四部分组成:连接杆件、倾斜尺、导线和数据采集箱。其测量的原理通过测量倾斜尺中电子气泡的倾斜变化,推算连接杆件两端的倾斜变化量(图6-6)。主要用于垂直沉降和轨面倾斜自动测量。

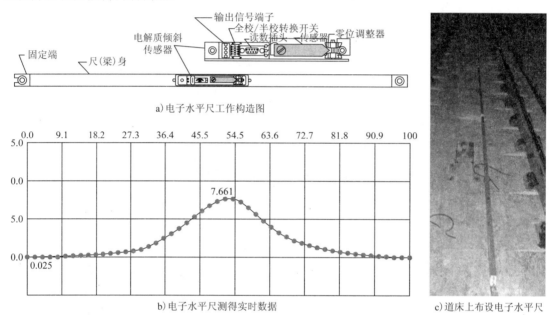

图6-6 电子水平尺测量系统

测量方法:轨面倾斜测量时使用单个电水平尺沿线路轴线垂直方向,在被监测区域内轨道中间或高架立柱上布设,埋设时连接杆件两端固定在被监测位置,中间架空;沉降测量时电水平尺沿线路轴线方向,连接杆件两端固定在被检测位置,中间架空,相邻电水平尺间首尾相接。测量数据按设定的周期由数据采集箱自动采集,计算机进行数据处理。

(二)静力水准仪

静力水准仪系统是用于精密测定多个测点的垂直位移及相对沉降变化的仪器系统(图6-7)。依据连通管原理:测量每个测点容器内容器底面安装高程与液面的相对变化,再通过计算求得各点相对于基点的相对沉降量(图6-8)。静力水准测量系统主要由主体容器、连通管、电容传感器等部分组成(图6-9)。当仪器主体安装点发生高程变化时,主体容器内液面发生变化;使相对于浮子上的屏蔽管仪器主体上的电容传感器可变电容发生变化,通过测量仪表测出该点的高程变化。测量电路采用非接触比率测量方式,由两个电容及感应分压器构成自动平衡电桥,一个电容的变化,通过自动平衡电桥自动平衡,给出数字量而测出液面相对于主体的升降量。

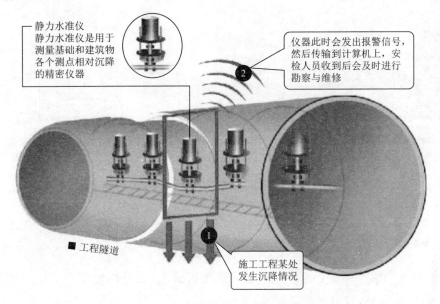

图 6-7　静力水准自动化系统示意图

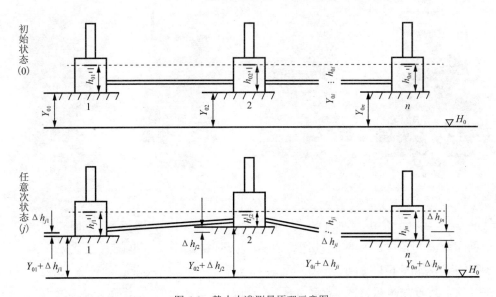

图 6-8　静力水准测量原理示意图

测量方法:将感应器安装在监测点上,建立工作基站,相邻感应器通过导管连接并注入阻尼很小的液体。通过感应器的电热变化测定相邻感应器的沉降变化。

测量精度:目前使用的电容式静力水准测量仪器,相邻点间的测量精度为 ±0.1mm。但液体的阻尼作用、监测数据存在滞后性及该系统易受外界影响(如气象条件、列车振动等),因此实际测量精度低于 ±0.1mm。

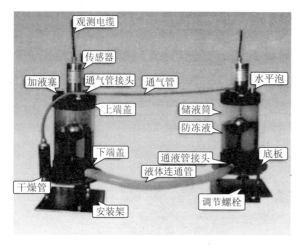 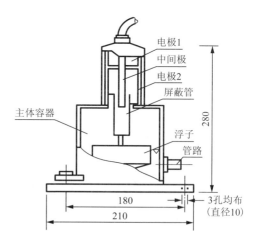

图 6-9 静力水准系统结构图(尺寸单位:mm)

(三)全站仪

使用带有自动跟踪测量功能测量仪器(测量机器人,如图 6-10 所示),通过对监测点三维坐标测量,实施位移、收敛和沉降测量。

图 6-10 全自动跟踪全站仪

测量方法:建立一个工作基站和多个较核外方向,采用固定基站、外方向和测点,实施基站与测点间距离和角度的实时自动跟踪测量。同时建立测量数据的有线或无线传输系统。监测系统的组成如图 6-11 所示。

在测站上装置测量机器人、数字气压与温度计(用于对气压、温度影响进行实时改正)、电源和通信等装置。在每一期自动观测时,首先进行基准网的观测。基准网是由测站点和基准点组成的距离角度后方交会网,观测水平角、垂直角和距离,通过实时平差计算,提供实时动态基准。

监测点采用极坐标法进行变形监测,采用距离、角度差分等技术进行监测点的数据处理,计算出各点的三维坐标。监测点坐标与上一期坐标的差值,即为该点的相对位移量;与基准期(即零周期)坐标的差值,即为该点的累计位移量。

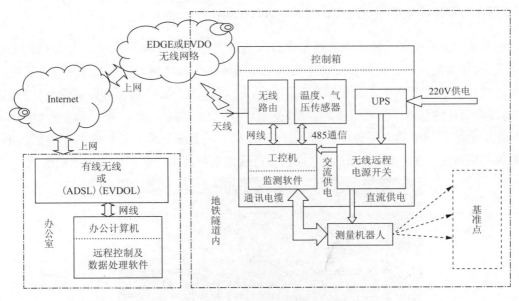

图 6-11 监测系统组成示意图

如图 6-12 所示,采用极坐标法测量城市轨道交通结构的三维坐标,用高精度全站仪置于隧道中,选取稳定的影响范围之外的区域布设 3 个以上控制点,用于更新测站坐标以及定向。

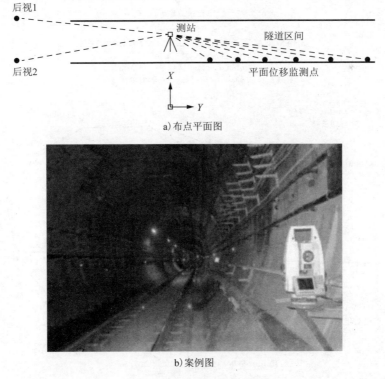

图 6-12 极坐标法测量示意图

(四)巴赛特收敛系统(Bassett Convergence System)

巴赛特收敛系统是一种能对隧道剖面收敛变形进行自动监测的系统,包括数据的测量、自动采集、计算机处理三大部分。它主要由电解质倾角传感器和一套首尾互相铰接的长、短杆件构成。测量时把杆件固定在圆形隧道断面上,隧道的截面收敛变形必定带动杆件的扭转,通过倾角传感器测得扭转角度,换算成变形量。

外业数据采集用数据采集控制器,通过计算机上的数据处理软件可实时了解隧道的截面收敛变化情况。图6-13为隧道内布设巴赛特收敛系统及实时数据处理显示截面。

a)隧道内布设巴赛特收敛系统

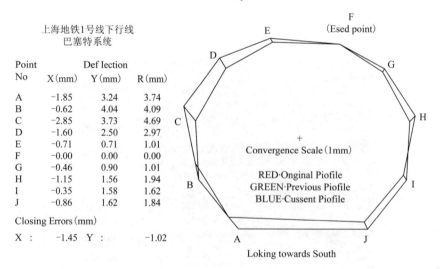

b)实时数据处理截面

图6-13 巴赛特收敛系统测量隧道收敛变化

第四节 变形监测实例

一、工程概况

某道路下穿隧道工程上穿地铁盾构隧道,工程全长 888.47m,桩号范围 K0+101～K0+721。其中机动车道隧道全长 620m(暗埋段长 380m,敞开段长 240m),暗埋段长 380m(桩号范围 K0+221～K0+601),北敞开段长 120m(桩号范围为 K0+101～K0+221),南敞开段长 120m(桩号范围为 K0+601～K0+721),东、西两侧各有一条人非通道,东侧主通道长约 53m,西侧主通道长约 74m。

下穿隧道与地铁盾构隧道相交平面角度 33°,竖向最小净距为 8.50m。地铁区间隧道位于本工程桩号 K0+461.818～K0+508.541 范围内,南侧地铁盾构隧道平面中心里程桩号 K0+496,北侧地铁盾构隧道平面中心里程桩号 K0+473,地铁隧道顶高程 75.997m,其隧道段为盾构施工的壁厚 0.3m、外径 6.2m 的 C50 混凝土预制管片。如图 6-14 所示。

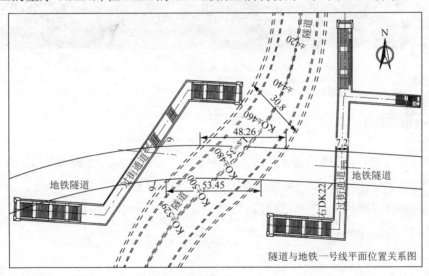

图 6-14 下穿隧道与地铁隧道平面位置图(尺寸单位:mm)

二、区间隧道的加固与保护措施

(一)加固措施与范围

隧道周边采用三轴搅拌桩加固,加固区域先施工三轴水泥搅拌桩,后套作施工钻孔灌注桩,施工中应合理控制搅拌桩与灌注桩之间的施工时间间隔。隧道地铁上方加固范围:加固宽度为坑底满堂加固,加固长度要求把开挖区域内盾构隧道均加固,加固深度为坑底到盾构隧道顶高程 2m。

(二)土方开挖措施

土方开挖应按设计要求、有计划有步骤地进行,不得随意开挖。应遵循"开槽支撑、先撑后挖,分层开挖、严禁超挖"的原则分层分块进行。根据评审专家意见,开挖顺序依 9 条分(图 6-15),每条宽度 8~9m,每条再分 3 小块。

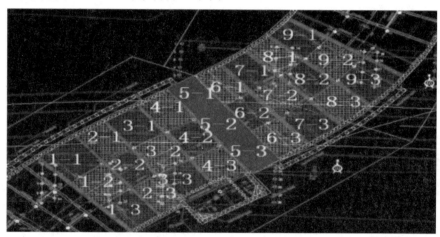

图 6-15 分块开挖示意图

三、变形预测

通过对下穿隧道穿越地铁各个工况进行模拟计算,包括基坑开挖施工完成后盾构管片绝对总位移、水平位移和垂直位移(图 6-16)。通过盾构隧道管片衬砌位移分析可知,基坑开挖后,管片最大总位移为 8.57mm,管片最大水平位移 8.57mm,管片最大隆起量 4.89mm。

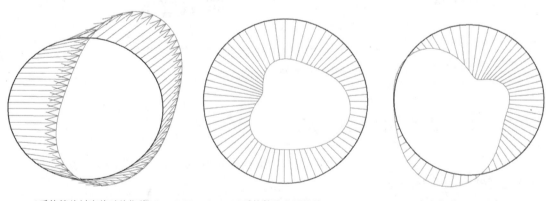

a)盾构管片衬砌绝对总位移(D_{max}=8.57mm)　　b)盾构管片水平位移(D_{max}=8.57mm)　　c)竖向位移(D_{max}=4.89mm)

图 6-16 模拟计算变形结果

四、过程控制与实测分析

(一)加固期

加固施工期间对地铁隧道结构水平和竖向位移均有变形影响,加固位置有少量下沉。开挖施工对应监测断面隆起趋势比较明显,期间变形速率较小。如图6-17所示。

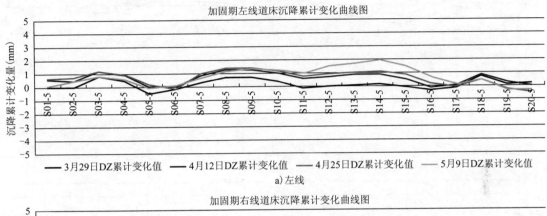

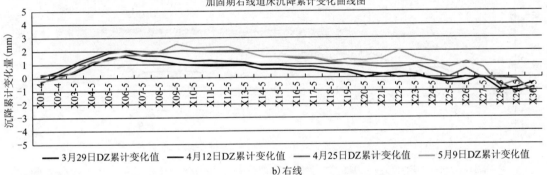

图6-17 加固期变形趋势图

监测数据情况:加固期间,左线水平位移监测点位累计变化量介于-0.86~2.19mm,左线沉降监测点位累计变化量介于-0.91~2.02mm,右线水平位移监测点位累计变化量介于-1.87~1.72mm,右线沉降监测点位累计变化量介于-1.75~3.11mm。

(二)土方开挖期

前期三轴搅拌桩土体加固期间对应位置均有少量下沉,外部土方卸载对应监测断面隆起趋势比较明显(图6-18)。由于数据变形较大,后期施工单位根据施工方案优化论证会中专家意见,采取分条分块方式对地铁正上方土方开挖,开挖后及时加载配重。

监测数据情况:土方开挖期间,左线水平位移监测点位累计变化量介于-1.36~2.85mm,左线沉降监测点位累计变化量介于-1.20~4.87mm;右线水平位移监测点位累计变化量介于-2.63~1.81mm,右线沉降监测点位累计变化量介于-1.92~4.98mm。

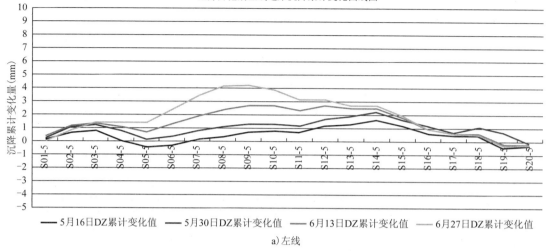

a) 左线

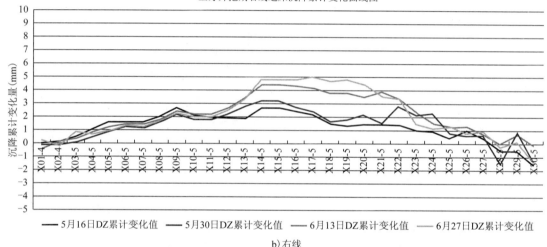

b) 右线

图 6-18 土方开挖期变形趋势图

(三) 抽条开挖期

外部施工期间对轨道交通隧道结构水平和竖向位移均有变形影响,外部土方卸载对应监测断面隆起趋势比较明显,采取分条分块方式对轨道交通正上方土方开挖,由监测数据可以看出地铁结构正上方土体开挖期间有明显隆起过程,期间变形速率较小,个别点位监测数据累计变化量达到10mm。监测数据显示,开挖方式优化后的监测数据较前期有明显改善,变形速率较小。如图 6-19 所示。

监测数据情况:开挖期间,左线水平位移监测点位累计变化量介于 -2.25 ~ 4.20mm,左线沉降监测点位累计变化量介于 -1.15 ~ 10.13mm;右线水平位移监测点位累计变化量介于 -2.39 ~ 2.54mm,右线沉降监测点位累计变化量介于 -1.37 ~ 10.08mm。

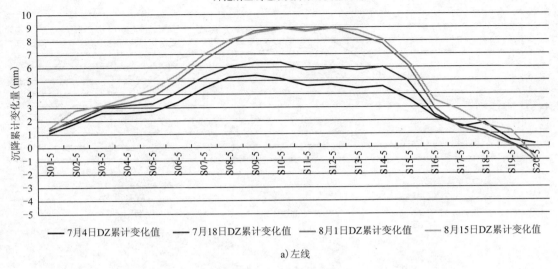

a) 左线

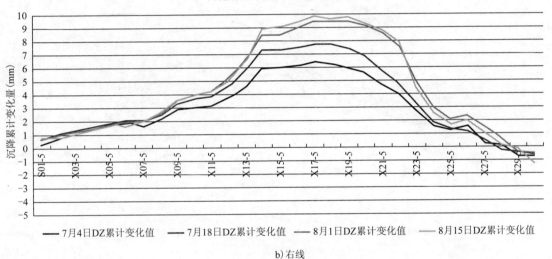

b) 右线

图 6-19 开挖期变形趋势图

（四）结构施工期

外部施工期间对地铁隧道结构水平和竖向位移均有变形影响，由监测数据可以看出地铁结构上方主体结构施工期间对应监测断面均有下沉趋势，期间变形速率较小。如图 6-20 所示。

监测数据情况：结构施工期间，左线水平位移监测点位累计变化量介于 -2.51 ~ 3.95mm，左线沉降监测点位累计变化量介于 -0.21 ~ 10.04mm；右线水平位移监测点位累计变化量介于 -2.31 ~ 2.67mm，右线沉降监测点位累计变化量介于 -1.68 ~ 9.49mm。

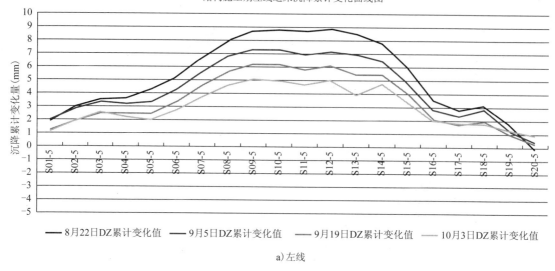

a) 左线

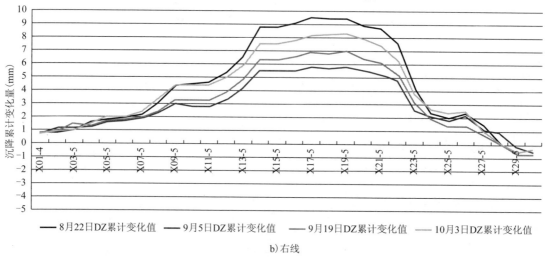

b) 右线

图 6-20　结构施工期变形趋势图

(五) 跟踪期

外部施工期间对地铁隧道结构水平和竖向位移均有变形影响，由监测数据可以看出地铁结构上方施工结束后变形曲线回归于一个定值，据此判定该施工影响范围内地铁结构已经相对稳定。如图 6-21 所示。

监测数据情况：跟踪期间，左线水平位移监测点位累计变化量介于 −2.95～3.4mm，左线沉降监测点位累计变化量介于 −0.94～5.79mm；右线水平位移监测点位累计变化量介于 −2.73～2.82mm，右线沉降监测点位累计变化量介于 −1.64～5.68mm。

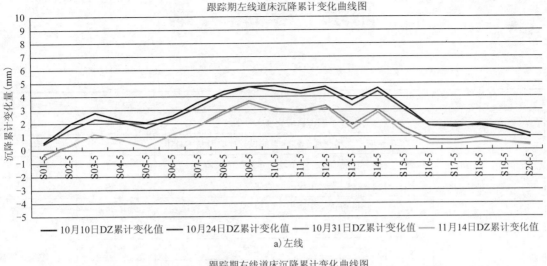

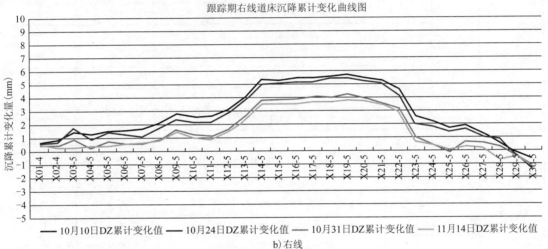

图 6-21 跟踪期变形趋势图

五、结论与经验教训

监测工作的实施,有效地掌握了施工过程中既有线的结构和道床的改变状况,为各相关单位提供及时可靠的数据和信息,评定工程施工对既有线的影响程度,为及时判断既有线结构安全和运营安全状况提供依据,对可能发生的事故提供及时、准确的预报,使有关各方有时间做出反应,避免恶性事故的发生,确保既有线安全运营。施工应与监测数据相联系,现场与评估有不同时应及时分析原因、优化施工方案。施工单位根据施工方案优化论证会专家意见,采取分条分块方式对地铁正上方土方开挖,开挖后及时加载配重。有效地控制隧道结构变形速率,减小了实际变形值。类似工程可以考虑分条分块方式卸载,卸载后及时加载。

附录 考核大纲

分类	章	节	考核内容	掌握程度	考核形式
基础知识篇	一	一	城市轨道交通车站的特点	了解	理论
		二	城市轨道交通车站建筑的设计原则及技术标准	了解	理论
		三	车辆段、停车场的建筑组成及特点	了解	理论
		四	正线区间的建筑设计	了解	理论
		五	城市轨道交通土建结构形式与技术标准	了解	理论
	二	一	基础分部工程	熟悉	理论
		二	主体分部工程	熟悉	理论
		三	地下防水工程	熟悉	理论
		四	楼地面工程	熟悉	理论
		五	抹灰工程	熟悉	理论
		六	饰面板(砖)工程	熟悉	理论
		七	涂料工程	熟悉	理论
		八	门窗工程	熟悉	理论
		九	屋面工程	熟悉	理论
实务篇	三	一	建筑结构维修的特点	熟悉	理论
		二	建筑结构维修的分类	熟悉	理论
		三	建筑结构维修常用工机具	掌握	理论
		四	建筑结构维修常用材料	掌握	理论
	四	一	结构类故障分析及处理方法	掌握	理论+实操
		二	渗漏水故障分析及处理方法	精通	理论+实操
		三	饰面板(砖)类故障分析及处理方法	精通	理论+实操
		四	地面类故障分析及处理方法	精通	理论+实操
		五	天花常见故障分析及处理方法	精通	理论+实操
		六	门窗类故障分析及处理方法	精通	理论+实操
		七	车站附属类故障分析及处理方法	掌握	理论+实操
	五	一	设备区通道门变形故障	掌握	理论
		二	隧道渗漏水故障	掌握	理论
		三	库顶采光板脱落故障	掌握	理论
	六	一	变形监测概述	熟悉	理论
		二	变形监测的分类及特点	熟悉	理论
		三	变形监测设备与方法	熟悉	理论+实操
		四	变形监测实例	熟悉	理论

参 考 文 献

[1] 中华人民共和国国家规范.GB 50108—2008 地下工程防水技术规范[S].北京:中国建筑工业出版社,2008.
[2] 李自林.桥梁工程[M].武汉:华中科技大学出版社,2008.
[3] 何宗华.城市轨道交通土建设施运营与维修[M].北京:中国建筑工业出版社,2006.
[4] 王如路.上海地铁监护实践[M].上海:同济大学出版社,2013.
[5] 谭复兴.城市轨道交通系统概论[M].北京:中国水利水电出版社,2007.

图1-3 站厅层

图1-4 站台层

图1-5 地铁检票口

图1-6 地铁出入口

图1-7 城市轨道交通车站剖面效果图

图1-8 风亭

图1-9 人防门

图1-10 车辆段鸟瞰图

图1-11 轮对踏面自动检测库

图1-12 镟轮库

图 1-13　混合变电所

图 2-1　钢筋混凝土支撑

图 2-2　钢管支撑

图 2-3　盾构法区间隧道

图 2-4　矿山法区间隧道

图 2-5　明挖法区间隧道

图 2-7　水泥砂浆面层

图 2-8　水磨石面层

图 2-9　环氧面层

图 2-10　预制水磨石块楼地面层

图 2-11　彩釉砖楼地面层

图 2-12　水泥花砖楼地面层

图 2-13　盲道砖地面层

图 2-14　橡胶地面层

图 2-15　防静电活动地板

图 2-16　金属复合地板

图 2-17　石材踢脚线

图 2-18　木质踢脚线

图 2-19　金属踢脚线

图 2-20　陶瓷防静电地板

图 2-21　全钢防静电地板

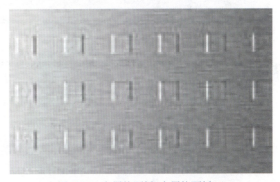
图 2-23　金属饰面板（金属饰面板 1）

图 2-23　金属饰面板（金属饰面板 2）

图 2-24　干挂石材

a)图案瓷砖　　　　　　　　　　　b)纯色瓷砖

图 2-25　釉面瓷砖

图 2-26　外墙面砖

a)　　　　　　　　　　　　　　b)

图 2-27　陶瓷锦砖

a)玻璃锦砖　　　　　　　　　　　b)玻璃质石英砖

图 2-28　玻璃面砖

图 2-30　卷帘门

图 2-31　人防门　　　　　　　　　　　图 2-32　推拉窗

a)钢制平屋面　　　　　　　　　　　b)混凝土平屋面

图 2-35　平屋面

a）

b）

图 2-36 坡屋面

图 2-37 曲面屋面 1

图 2-38 曲面屋面 2

图 3-1 锤钻

图 3-2 手持式冲击钻

图 3-3 手电钻

图 3-4 钻夹头

图 3-5 切割机一

图 3-6 切割机二

图 3-7 等离子切割机

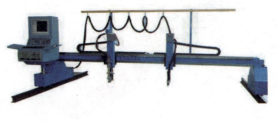
图 3-8 火焰切割机

图 3-9 电焊机

图 3-10 氩弧焊机

图 3-11 角磨机一

图 3-12 角磨机二

图 3-13 注浆机

图 3-14 强光手电筒

图 3-15 钢丝钳

图 3-16 卷尺

图 3-17　人字梯

图 3-18　登高作业车

图 3-19　羊角锤

图 3-20　玻璃胶枪

图 3-21　螺丝刀

图 3-22　乳胶漆

图 3-23　油漆

图 3-24　改性环氧树脂

图 3-25　搪瓷钢板

图 3-26　砂纸

图 3-27　胶水

图 3-28　金属微孔板

图 3-29　铝格栅

图 3-30　U形挂环

图 3-31　铝合金条形板

图 3-32 防火矿棉板

图 3-33 铝合金型板

图 3-34 角钢

图 3-35 不锈钢管

图 3-36 膨胀螺钉

图 3-37 收口盖

图 3-38 连接片

图 3-39 磨片

图 3-40　钢化夹胶玻璃

图 3-41　玻璃胶

图 3-42　合页

图 3-43　闭门器

图 3-44　把手

图 3-45　防火门板

图 3-46　防火门框

图 3-47　防静电地板

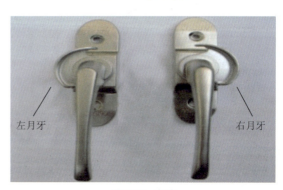
图 3-48　窗锁

图 4-1 墙体裂缝

图 4-2 盾构隧道管片裂缝

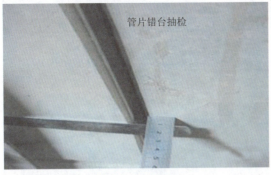
图 4-3 管片错台

图 4-4 盾构隧道管片渗漏水

图 4-5 桥梁沉降、倾斜

a) 整体

b) 细部

图 4-6 车辆段库顶板材开裂

图 4-7　车辆段库顶板材脱落

图 4-8　车辆段库房屋面修复现场

图 4-9　高压注浆堵漏

图 4-10　隧道渗漏水

图 4-11　雨棚打胶

图 4-12　屋面防水卷材开裂

图 4-13　女儿墙根部渗漏水

图 4-14　卷材盖缝条整体效果

图 4-15　平行于屋脊的卷材铺贴

图 4-16　热熔法施工

图 4-17　卷材的长边搭接

图 4-20　涂膜防水施工现场

图 4-21　瓷砖空鼓脱落

图 4-22 干挂石材脱落

图 4-28 盲道

图 4-29 抹灰层空鼓

图 4-31 混凝土地面裂缝

图 4-30 抹灰裂缝

图 4-32 地砖松动、翘起

图 4-33 防静电地板破损掉块

图 4-34 防静电地板更换

图 4-35 设备区上方天花变形扭曲

图 4-37 更换锁芯

a) 钻孔

b) 固定填塞

图 4-36 门体加固

a)

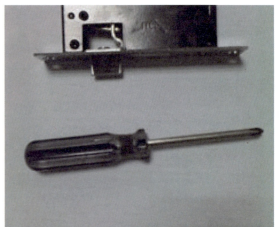
b)

c)

图 4-38　更换锁芯、锁体步骤 1

a)拆螺钉　　　　　　　　　　　　　　b)拆把手

图 4-39　更换锁芯、锁体步骤 2

图 4-40　更换锁芯、锁体步骤 3

图 4-41　更换锁芯、锁体步骤 4

a)拆锁体螺钉

b)拉出锁体

图 4-42　更换锁芯、锁体步骤 5

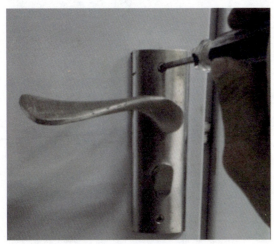

图 4-43　更换锁芯、锁体步骤 6

图 4-44　更换锁芯、锁体步骤 7

图 4-45 卷帘门门体变形

图 4-46 卷帘门修复

图 4-47 栏杆松动

图 5-1 设备区通道门门体变形

图 5-2 门体变形维修现场

图 5-3 隧道顶导流槽安装

图 5-4 隧道拱顶注浆堵漏

图 5-5 库顶采光板脱落

图 5-6 屋顶面板更换

a)纵缝

b)联络通道
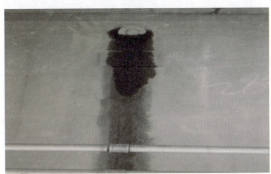
c)注浆孔

d)环缝

图 6-1 结构病害形式

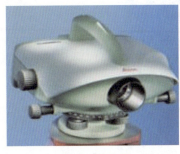
a)Leica DNA03

b)Leica NA2+GPM3 测微器

c)Trimble DINI 系列

图 6-2 沉降测量常用设备

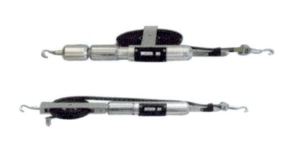

图 6-4 收敛计

图 6-5 隧道激光断面仪

图 6-6 电子水平尺测量系统
——道床上布设电子水平尺

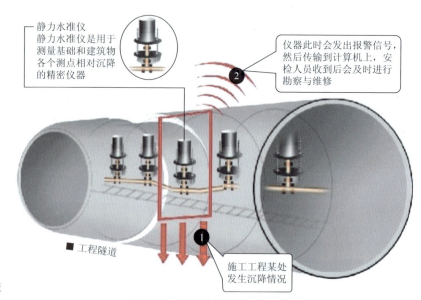

图 6-7 静力水准自动化系统示意图

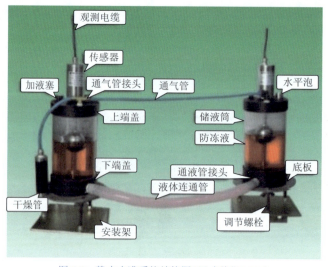

图 6-9 静力水准系统结构图（尺寸单位：mm）

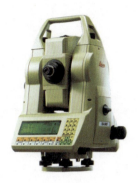   

图 6-10　全自动跟踪全站仪

图 6-12　极坐标法测量示意图